Umschlagmotiv: Ortasee im Piemont

Herausgeber: Polyglott-Redaktion
Autorin: Christine Hamel
Lektorat: Dr. Carla Meyer
Art Direction: Illustration & Graphik Forster GmbH, Hamburg
Karten und Pläne: Cordula Mann
Titeldesign-Konzept: V. Barl
Realisation: Studio Wolf Brannasky

Wir danken dem Saatlichen Italienischen Fremdenverkehrsamt ENIT in München für die uns bereitwillig gewährte Unterstützung.

Ergänzende Anregungen, für die wir jederzeit dankbar sind, bitten wir zu richten an:
Polyglott-Verlag, Redaktion, Postfach 40 11 20, D-80711 München,
E-Mail: redaktion@polyglott.de oder PolyRed@AOL.com

**Surfen online mit Polyglott: http://www.polyglott.de**
**und bei AOL unter dem Kennwort „Polyglott"**



## Zeichenerklärung

- Information
- Öffnungszeiten
- Telefonnummer
- Faxnummer
- Flugverbindungen
- Hotel
- $$$ DZ pro Person ab 150 000 L.
- $$ ab 125 000 L.
- $ ab 65 000 L.
- Restaurant
- $$$ Menü ab 65 000 L.
- $$ ab 45 000 L.
- $ ab 30 000 L.

**Routenpläne**

- Route mit Routenziffer
- Autobahn, Schnellstraße
- sonstige Straßen, Wege
- Staatsgrenze, Landesgrenze
- National-, Naturparksgrenze

**Stadtpläne**

- Durchgangsstraße
- sonstige Straßen
- Fußgängerzone
- Fußweg

**Komplett aktualisierte Auflage 1999/2000**

Redaktionsschluß: November 1998

Printed in Germany/ II
Gedruckt auf chlorfrei gebleichtem Papier
ISBN 3-493-62722-X

Polyglott-Reiseführer

# Lombardei

## Piemont / Aostatal

Christine Hamel

Polyglott-Verlag München

## Allgemeines



## Stadtbeschreibungen



Mailand ist mit seinen vielfältigen Restaurants, Cafés, Bars, prachtvollen Geschäften und großartigen Palazzi ein einziges urbanes Abenteuer voller Überraschungen auf den ersten und den zweiten Blick.



Turin, die Stadt der Savoyer, in ihrer strengen Geometrie von ganz eigener Schönheit und Eleganz, ist für so manchen Reisenden vergangener Jahrzehnte schon zum „wahren Glücksfall" (Nietzsche) geworden.

## Routen

**Route 1**

Villen, Gärten, Geschichte und Nobelhotels – der Norden der Lombardei erinnert gern an den Glanz von einst und hat sich viel von seiner Grandezza bewahrt.

**Route 2**

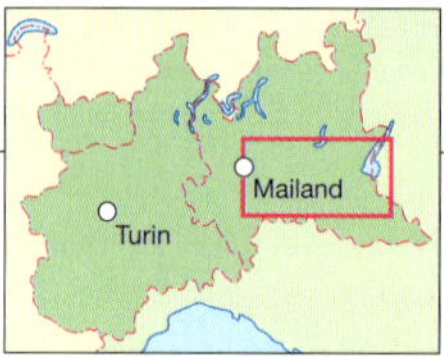




In den Landschaften der Poebene waren einige der bedeutendsten Künstler tätig, die einzigartige Zeugnisse ihres Könnens hinterlassen haben.

# Routen



# Bildnachweis

Alle Fotos Veit Haak außer APA Publications: 15, 21/3, 23/1+3, 47, 49/1, 53/3, 57/1, 75/2; Archiv für Kunst und Geschichte: 13/1–2, 17/2, 19/3, 33/2; dpa: 13/3; Herbert Hartmann: 17/3, 19/2, 69/1, 75/3, 87/1; Italienisches Fremdenverkehrsamt: 55/3; Gerold Jung: 19/1, 21/1, 61/1, 85/2, 91/2; Klaus Thiele: 31/1–2; Daniele Messina: 69/2, 81/2, Umschlag (Bild); Eric Bach/Superbild: Umschlag (Flagge).

Fremde Kulturen kennenlernen und gastfreundlichen Menschen begegnen – wie sehr genießen wir das auf Reisen. Zu Hause bei uns jedoch wird mancher Ausländer von einer kleinen Minderheit beschimpft, bedroht und sogar mißhandelt. Alle, die in fremden Ländern Gastrecht genossen haben, tragen hier besondere Verantwortung. Deshalb: Lassen Sie es nicht zu, daß Ausländer diffamiert und angegriffen werden. Lassen Sie uns gemeinsam für die Würde des Menschen einstehen.

Verlagsleitung und Mitarbeiter des Polyglott-Verlages

# Editorial

Wenn sich die Straßen aus dem Norden in großen Schleifen über die Berghänge der Alpen in den Süden hinabwinden, dann eröffnen sie Ausblicke auf schwingende Hügelkonturen, auf jene aus den Felsen wachsenden Dörfer, über denen steil ein Kirchturm aufragt, auf Seen, die sich in hohe Berge betten, auf Burgen, wehrhaft gegen die Außenwelt abgeschirmt, auf rauschende Bäche, die in die Täler stürzen. Und sie bieten Einblicke in verwinkelte Gassen mit verwitterten Palazzi und verwunschenen Innenhöfen, in Weinkeller und kleine Trattorie, in romanische Kirchen und in die große Geschichte der Städte.

Diese Straßen aus dem Norden führen in ein Land, in dem die Kunst zum Alltag gehört. Italien – eine imaginäre Wunderwelt? Mitnichten! Hier ist sie ganz real zu entdecken. Außerhalb des touristischen Scheinwerferlichts gelegen, bieten die Lombardei und der Piemont ein vielen noch unbekanntes Italienerlebnis. Abseits des Massentourismus haben sich hier kleine Orte seit Jahrhunderten ihren mitunter rauhen Charme bewahrt, und auch die Städte, wie etwa Mailand, Turin, Pavia, Mantua oder Cremona, pflegen einen ganz eigenen Lebensrhythmus.

Die Landschaft der beiden Regionen ist einzigartig in ihrer Vielfalt: Gleich einem Kaleidoskop ändert sie sich ständig, gleitet von Berg zu Berg, flaniert um die Seen, ist verliebt in die Schönheit und den Duft ihrer Gärten und vernarrt in ihre Paläste – eine Landschaft reich an Zauber und Versprechungen, die sie mehr als erfüllt. Denn trotz der rasanten Industrialisierung im 20. Jh., trotz der traurigen Zersiedlung der Landschaft haben sich hier Orte und Gegenden erhalten, bei deren Anblick sich die Schönheit der Welt offenbart.

*Lago di Candia im Piemont*

*Einer der schönsten Plätze Mantuas: die Piazza delle Erbe*

## Die Autorin

**Christine Hamel** studierte in Florenz, London und München Germanistik, Politologie und italienische Literaturwissenschaften. Sie arbeitet heute als freie Publizistin in München, lebt aber auch jedes Jahr viele Wochen in Oberitalien, ihrer seit Kindheitstagen zweiten Heimat.

# Grandioser Empfang hinter den Alpen

Italien – für Menschen aus dem Norden seit Jahrhunderten der Inbegriff einer Traumwelt, das Ziel ihrer Sehnsucht. Kaum eine Kulturlandschaft stellt sich mit solch landschaftlicher Schönheit, mit soldcher Fülle an Kunst- und bedeutenden Bauwerken sowie Wonnen aus Küche und Keller dar, kaum ein Land hat ein so breites Spektrum an Faszination hervorgerufen wie Italien. Zu Recht, denn gleich hinter den Alpen empfangen die Lombardei und der Piemont mit der eleganten Grandezza der Seenlandschaft zwischen dem Ortasee und dem Gardasee, der beschwingt anmutigen Landschaft des Monferrato, den hohen Gipfeln und tiefen Schluchten des Aostatals oder den stillen, weiten Feldern der Poebene.

Die an Kontrasten reiche Landschaft findet zudem ihr Pendant in der Architektur Oberitaliens: Mittelalterliche Städte, zur Wehrgemeinschaft auf steilem Grat zusammengerückt, erinnern nur wenige Kilometer vor den modernen Industriezentren an die streitbaren Jahrhunderte, in denen in dieser Region historisch bedeutende Entscheidungen fielen. Romanische und gotische Dome, kostbare Renaissancevillen und barocke Paläste erinnern im Schatten von Wolkenkratzern und Farbrikanlagen an vergangene Größe. Vielfalt hatte von jeher Tradition in der Lombardei und im Piemont.

In dem von Karl dem Großen eroberten Langobardenreich, das heute im Namen der Lombardei fortlebt, trafen jahrhundertelang die verschiedenen Zivilisationen von dies- und jenseits der Alpen aufeinander. Unterschiedlichste Kulturen fluteten hier ineinander und nahmen von hier wieder ihren Ausgang. Als kulturelles Reservoir wirkte Oberitalien auch im Mittelalter: In den Herzogtümern von Mailand und Mantua formten sich künstlerische und geistige Kräfte, die den Übergang vom Mittelalter zur Neuzeit einleiteten.

Heute lebt diese Tradition ungebrochen fort. Die innovativsten Entwürfe in Design und Lebensstil stammen aus der Lombardei und dem Piemont.

## Lage und Landschaft

Aus allen Himmelsrichtungen kamen die Völker einst nach Oberitalien – Ligurier, Etrusker, Kelten, Römer, germanische Kimbern und Teutonen. Grund für den Ansturm so vieler Völker war die geographische Lage Oberitaliens am Fuße der Alpen und am Schnittpunkt des Südens mit dem Norden.

Die Kette der Alpen öffnet sich im Süden zur oberitalienischen Ebene, einer von Flüssen in unendlichen Schleifen durchzogenen Landschaft, in der sich zahlreiche Seen gleich einer Perlenkette aneinanderreihen. Das Land, wo die Zitronen blühen – in der Lombardei hat man es bereits erreicht.

Mediterrane Vegetation zeigt sich am Lago Maggiore, am Comer See oder am Gardasee in üppigster Blüte. Der Süden der Lombardei läuft in eine „wellenlose Ebene“ aus, durch die scheinbar endlose Pappelalleen führen, vorbei an Kanälen und Flüssen, die Mais-, Tomaten- sowie Reisfelder bewässern. Die Furchen des bäuerlichen Pfluges haben sich seit Jahrzehnten tief und unerbittlich in diese Landschaft eingeschrieben.

Piemont liegt wortwörtlich am „Fuße der Berge“, umgeben von den französischen Alpen und den aus dem Aostatal ragenden Gipfeln. Die Dramatik der Bergwelt geht dann über in den Gleichklang der Poebene, einen der fruchtbarsten Landstriche Italiens. Endlose Reisfelder wechseln gleichsam wie in einer Graphik der Natur mit schlanken

Birkenstämmen ab, die einen wohltuenden vertikalen Akzent setzen.

Der Po ist mit einer Länge von 652 km der größte Fluß Italiens, leider auch der schmutzigste. Die Abwässer Mailands gehen fast ungeklärt in den Po und weiter in die Adria und verwandeln Fluß und Meer immer mehr in eine Kloake. Um so mehr überrascht es, in dieser so stark vom Menschen geprägten Landschaft einsame Sandbänke und kleine wildbewachsene Inseln zu entdecken, auf denen Purpurreiher, Schnepfen oder Stockenten in einem Stück unberührter Natur nisten. Im Südosten des Piemont wird die Natur wieder gleichsam zu einem Komponisten der Landschaft, in der sich sanft gewellte Hügel zu einer schwingenden Ballade zusammenschließen.

## Klima und Reisezeit

Gäbe es eine klimatische Güteskala, die oberitalienischen Seen ständen wohl an erster Stelle: Die Alpen schützen vor den Nordwinden, die Sommer sind nicht zu heiß, die Winter mild. Das Klima in der *padania,* der Poebene, war dagegen schon den Römern verhaßt. Die Sommer sind heiß, schwül und bringen regelrechte Mückenplagen mit sich, im Winter wird es naßkalt, dichte Nebel umhüllen das Land.

Die ideale Zeit für Reisen in die Lombardei und den Piemont sind das Frühjahr und die Monate September/Oktober. Die im Sommer unerträgliche Smogglocke über Mailand und Turin lüftet sich zu dieser Jahreszeit schon mal zu einem klaren Tag, und die Natur steht in ihrer schönsten Pracht. Auch Feinschmecker kommen im Herbst, der Zeit der Weinernte und der Trüffel, im Piemont auf ihre Kosten.

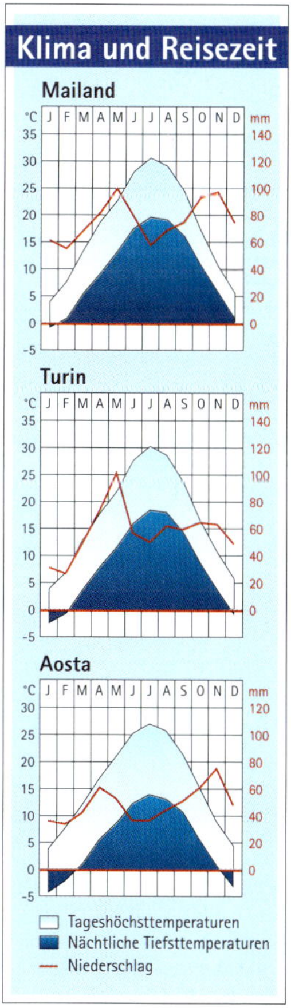


## Natur und Umwelt

Die Verödung vieler Landschaften in der Lombardei versucht man seit einigen Jahren aufzuhalten. Im Tessintal hat man zwischen unberührten Flußlandschaften und landschaftlichen Nutzgebieten, zwischen Wäldern und Sümpfen einen Naturschutzpark eingerichtet, den *Parco Lombardo della Valle del Ticino,* der Pflanzen wie Tieren gleichermaßen natürliche Lebensbedingungen bietet. Auch der *Parco dell'Alto Garda Bresciana* zwischen Salò und Limone sowie der *Parco Nazionale del Gran Paradiso* im Aostatal, in dem Steinböcke und Gemsen von Fels zu Felsen springen, bieten noch ein Stück heiler Natur.

Zwar deutet die Schaffung solcher Oasen auf ein sich wandelndes Umweltbewußtsein hin, dennoch ist besonders die Luft- und Wasserverschmutzung in Italiens industriellem Norden enorm. Ganz offensichtlich ist die Luftbelastung: Der Himmel über Mailand gibt sich grau in grau und zeigt sich selbst bei strahlendem Sonnenschein selten von seiner blauen Seite. Die Giftgase in der Mailänder Luft sind ein alltägliches Phänomen: Durchschnittlich 800 Nebelstunden im Jahr und die damit verbundene Mixtur aus Verkehrs- und Fabrikabgasen, von Kraftwerks- und Heizungsemissionen nimmt man hier gleichsam als schicksalbedingtes Los hin, ebenso wie die Lärmbelästigung.

Leider steht es auch um die Flüsse nicht besser. Der Po ist neben der Olona und dem Lambro die größte fließende Kloake des Landes, da Mailand immer noch keine Kläranlage hat. Die Abwässer von Millionen Haushalten und Hunderttausenden von Betrieben werden in den Po und damit in die Adria gespült. Zwar gibt es seit Jahren Sanierungsprogramme, doch die Aufträge werden nach politischen Interessen vergeben – und daher passiert nichts. Leidtragende der Skandale, Korruption und Fehlplanungen in der italienischen Politik ist auch die Umwelt.

Doch nach hundert Jahren ungebremster Industrialisierung hat man nun in Oberitalien die Sinne für Ökologie geschärft, was neben Einrichtungen von Naturparks auch strengere Auflagen für Industriebetriebe bezeugen.

### Buchtip

Eine Vielzahl interessanter Texte über die Kultur, das Alltagsleben und die Mentalität der italienischen Bevölkerung finden Sie in dem Polyglott-Band **Land & Leute Italien.**

## Geschäftige Norditaliener

Sie sind der wirtschaftliche Motor des Landes, geben viel Geld für Kleidung und gutes Essen aus und kreieren – nicht frei von Eitelkeit – einen Lebensstil, der nicht nur in Italien als vorbildlich schick und modern gilt. Daß Lombarden und Piemontesen einen viel höheren Lebensstandard als Römer oder Sizilianer pflegen, ist für Norditaliener kein Kompliment, sondern eine Selbstverständlichkeit. Man gibt sich selbstbewußt und ist stolz darauf, daß Industrieunternehmen, Mode und Design, Stahl- und Chemiekonzerne von Norditalien aus kommandiert werden.

Doch in der Bergwelt des Aostatals, des Piemont und der Lombardei leben die Menschen, soweit sie der Anziehungskraft der Metropolen nicht erlegen sind, nach einer anderen Zeit. Taufe, Hochzeit, Tod – das sind die besonderen Tage im Leben eines Dorfes, dessen Bewohner sich auf der Piazza über alles auf dem laufenden halten, was in der Umgebung geschieht. Viele sind in den letzten Jahrzehnten auf der Suche nach ihrem Glück in die Industriemetropolen gegangen, doch macht sich seit einigen Jahren auch der Trend rückwärts wieder bemerkbar: Ganze Familien ziehen in die verwitterten Bergdörfer, um sich in einem naturverbundenen einfachen Leben von der Hektik der Großstädte zu regenerieren.

## Wirtschaft

„Hier wird das Geld verdient, das in Rom ausgegeben wird" – darin sind sich Mailänder und Turiner einig. Und wohl kaum einer würde es bestreiten. Der ungeahnte wirtschaftliche Aufschwung Italiens nach dem Zweiten Weltkrieg ergriff vor allem den Norden des Landes – auch auf Kosten des Südens. In Mailand und Turin konnte man auf bereits bestehende Industrieanlagen und eine gut ausgebaute Infrastruktur zurückgreifen. Auch die topographische Lage im Schnittpunkt europäischer Handelswege begünstigte den schnellen wirtschaftlichen Aufschwung Oberitaliens. Das historische Ungleichgewicht zwischen Industriemonopol im Norden und feudaler Agrarordnung im Süden wuchs indes zusehends zum größten gesellschaftlichen und wirtschaftlichen Problem Italiens. Der Süden lieferte allein die Hände, die in den Industriemetropolen Mailand und Turin so dringend gebraucht wurden.

Im Goldenen Dreieck von Mailand, Turin und Genua bilden Fiat und Olivetti in Turin sowie der Chemiekonzern Enimont-Montedison in Mailand die bedeutendsten Unternehmen in einer weitverzweigten Industrielandschaft, deren Eckpfeiler die Papiererzeugung und die Textilindustrie sind, die chemische und die Elektroindustrie sowie der Auto- und Maschinenbau. Doch im Zuge der allgemeinen wirtschaftlichen Krise seit den 90er Jahren melden immer mehr nationale und multinationale Unternehmen sowie mittlere und kleine Betriebe Konkurs an.

Die Zahl der Arbeitslosen steigt entsprechend auch im Norden immer höher. Nun rächt sich die rücksichtslose Industrialisierung der 50er Jahre, die, ohne auf gewachsene Strukturen zu achten, die Landschaften zersiedelte und die Menschen in Wohnsilos außerhalb der Städte zusammenpfercht, wo es nun viele soziale Probleme gibt.

## Politik

Die Umgestaltung der italienischen Parteienlandschaft in den 90er Jahren

*Fiat 500, liebevoll „Topolino" – „Mäuslein" – genannt*

### Steckbrief

**Lombardei (Lombardia)**

**Provinzen:** Bergamo, Brescia, Como, Cremona, Lecco, Lodi, Mailand, Mantua, Pavia, Sondrio, Varese
**Hauptstadt:** Mailand (1,4 Mio. Einw.)
**Fläche:** 23 856 km²
**Höchster Berg:** Piz Bernina (4049 m)
**Wichtigster Fluß:** Po (652 km)
**Bevölkerung:** 8,93 Mio.
**Bevölkerungsdichte:** 375 pro km²

**Piemont (Piemonte)**

**Provinzen:** Alessandria, Asti, Biella, Cuneo, Novara, Turin, Verbano-Cusio-Ossola, Vercelli
**Hauptstadt:** Turin (1 Mio. Einw.)
**Fläche:** 25 399 km²
**Höchster Berg:** Monviso (3841 m)
**Wichtigster Fluß:** Po (652 km)
**Bevölkerung:** 4,35 Mio.
**Bevölkerungsdichte:** 171 pro km²

geht nicht zuletzt auf die vielen Korruptionsskandale zurück, in die etablierte Parteien wie die *Democrazia Cristiana* oder auch die Sozialistische Partei *(PSI)* unter Bettino Craxi verwickelt waren. Dies ließ nicht nur neue Parteien entstehen, auch das Wahlverhalten der Italiener änderte sich, was für das Land nicht ohne Folgen blieb. Das mehrheitliche Votum der Norditaliener zum Beispiel für die *Lega Nord,* die für eine Abspaltung des reichen Nordens vom unterentwickelten und armen Süden plädiert und eine radikale Veränderung der italienischen Verfassung fordert, stellte das gesamte Land gesellschaftspolitisch nahezu vor eine Zerreißprobe.

Auch hat sich nur wenig an den alten Usancen der Vetternwirtschaft und Korruption geändert, der Verquickung von wirtschaftlichen und politischen Interessen. Wie tief Parteipolitik und Kapital verfilzt sind, zeigte eine spektakuläre Serie von Prozessen, die Mailänder Staatsanwälte und Untersuchungsrichter eingeleitet hatten.

Unter dem Motto „Mani pulite" („saubere Hände") sollte mit der Korruption, mit den *tangenti,* den Schmiergeldern, mit denen sich Parteipolitiker und Unternehmer gegenseitig bedienten, aufgeräumt werden. Doch zum Schrecken der Bevölkerung stellte sich heraus, daß selbst Teile der Justiz beim lukrativen Geschäft der Tangenti eifrig mitmischten.

Bei soviel politischen und wirtschaftlichen Verstrickungen wundert weder der eklatante Vertrauensverlust in die etablierten politischen Parteien noch die allgemeine Politikverdrossenheit. Doch glücklicherweise neigen die Italiener wenig zu Radikalismus.

Seit 1996 regiert in Italien ein Mitte-Links-Bündnis, dem es in kurzer Zeit gellungen ist, die gesellschaftlichen Kräfte wieder in der politischen Mitte zu bündeln, so daß den radikalen Parteien die zugkräftigen Schlagwörter langsam ausgehen.

## Geschichte im Überblick

**191 v. Chr.** Oberitalien wird zur römischen Provinz Gallia Cisalpina.

**293** Im Zuge der Staatsreform von Diokletian wird Mailand Hauptstadt des Weströmischen Reiches.

**313** Kaiser Konstantin der Große erläßt das Mailänder Edikt, d. h. das Christentum wird Staatsreligion.

**374** Ambrosius wird Bischof von Mailand.

**568** Die Langobarden erobern ganz Oberitalien; Verlegung der Residenz von Mailand nach Pavia.

**1093** Gründung des Lombardischen Städtebundes.

**1176** Nach der verheerenden Zerstörung Mailands 1162 siegen die lombardischen Städte 1176 bei Legnano über die Truppen des Kaisers. Im Frieden von Konstanz (1183) erhalten sie Autonomie.

**1227** Die Visconti gelangen in Mailand an die Macht, die sie bald bis Venetien und Piemont ausweiten.

**1328** Luigi Gonzaga übernimmt die Herrschaft in Mantua.

**1416** Die Grafschaft Savoyen wird Herzogtum.

**1450** Die Sforza übernehmen die Macht in Mailand, bis Ludovico il Moro durch König Ludwig XII. von Frankreich vertrieben wird.

**1482–1499** Leonardo da Vinci und Bramante am Hof Ludovico il Moros.

**1535** Das Herzogtum Mailand fällt an Spanien.

**1600–1608** Rubens ist Hofmaler der Gonzaga in Mantua.

**1701–1714** Im Spanischen Erbfolgekrieg fallen die Lombardei und Mantua an die österreichischen Habsburger.

**1796** Napoleon erobert die Lombardei und Venetien.

**1805** Napoleon wird im Mailänder Dom zum König von Italien gekrönt.

**1815** Nach dem Sturz Napoleons werden auf dem Wiener Kongreß die Lombardei und Venetien erneut Österreich zugesprochen.

**1848** „Cinque Giornate"-Aufstand in Mailand; Karl Albert von Piemont setzt sich an die Spitze der nationalen Unabhängigkeitsbewegung, die 1853 Österreichs Vorherrschaft beendet.

**1861** Italien wird Nationalstaat. Vittorio Emanuele II nimmt den Titel „König von Italien" an.

**1922–1926** Der Faschismus unter Mussolini erobert die Staatsmacht.

**1943** Landung der Alliierten, Sturz Mussolinis.

**1946** Italien wird Republik.

**1992** Große Wahlerfolge der neu gegründeten Lega Nord in Oberitalien, auch Mailands neuer Bürgermeister gehört der Lega an.

**1994** Das Mailänder Antikorruptions-komitee „Mani pulite" deckt reihenweise Bestechungsaffären auf, die bis in höchste Regierungskreise reichen.

Silvio Berlusconi, Mailänder Medienzar und Gründer der rechtsgerichteten Partei Forza Italia, wird Ministerpräsident Italiens. Ende 1994 tritt er zurück und kommt damit einem Mißtrauensantrag zuvor.

Eine Hochwasserkatastrophe sucht ganz Norditalien heim, das zum Notstandsgebiet erklärt wird.

**1996–1998** Ab 1996 wird Italien von einem Mitte-Links-Bündnis regiert, seit Oktober 1998 unter der Leitung von Premier Massimo D'Alema.

*Ludovico Sforza, „il Moro", und seine Frau Beatrice d'Este*

*Mailand: Der Corso Vittorio Emanuele um 1880*

*Silvio Berlusconi*

# Kultur gestern und heute

Spannungsreiche Vielfalt prägt in Oberitalien nicht nur die Landschaft, sondern auch die Kunst. Lombardei und Piemont waren ein geschichtsträchtiger Korridor, in dem die verschiedenen Kulturen der durchziehenden Völker aufeinandertrafen und sich gegenseitig befruchteten, leider aber auch zerstörten. Gleichsam als wetteifere sie mit der Natur, hat die Kunst in der Lombardei und im Piemont einige ihrer schönsten Werke plaziert. Und noch heute zeigt sich bei einem Spaziergang durch die Städte, daß die Künstler immer wieder Gelegenheiten finden, den profanen Lebensalltag mit ihren Kreationen zu veredeln.

Künstlerisches Schaffen läßt sich in Oberitalien schon seit der Steinzeit nachweisen. Die frühen Bewohner ritzten stilisierte Menschen und Tiere sowie Ornamente in die vom Wasser glattgeschliffenen Felsen im oberen Tal des Oglio bei Capo di Monte. Zur Erhaltung der Felszeichnungen richtete man Mitte der 50er Jahre den *** *Parco Nazionale delle Incisioni Rupestri* ein. Eine erste flächendeckende Organisation und Kultivierung Oberitaliens kam mit den Römern im frühen 3. Jh. v. Chr. Obwohl die Römer wie überall eine eifrige Bautätigkeit entfalteten, haben nur wenige Bauten aus der Antike die Jahrhunderte überlebt. Vieles fiel den Brandschatzungen und Plünderungen der Völkerwanderungszeit zum Opfer, und den Bauherren des Mittelalters waren antike Tempel und Theater allenfalls ein willkommener Steinbruch. Doch die noch fast vollständige römische Stadtanlage von Aosta, die Bäder in Acqui Terme, die Säulen von San Lorenzo in Mailand oder die Reste des Kapitols und des Theaters in Brescia sowie die Grotte des Catullus am Gardasee sind noch heute stumme Zeugen einer Hochkultur, die den Ton für alle weiteren Entwicklungen angab.

Die Lombardei darf sich brüsten, daß sie einige der bedeutendsten römischen Dichter hervorgebracht hat. Plinius der Ältere, der das wegweisende Kompendium „Naturalis historia“ verfaßte, sowie sein Neffe Plinius der Jüngere, Redner, Literat und Konsul, stammten vom Comer See. Und Vergil, berühmtester Dichter der Augusteischen Zeit und Autor der „Bucolia“ und „Georgica“, wurde in Mantua geboren.

## Ornamentik der Langobarden

Die Langobarden hatten die spätantiken und frühchristlichen Basiliken in der Lombardei und im Piemont übernommen, in derselben Tradition Neubauten errichtet oder die alten verschönert. Dabei zeigten sie eine besondere Vorliebe für Wandmalereien und Mosaiken sowie kunstvolle Ornamente. Charakteristisch für die Ausstattung ihrer Bauten ist das Flechtband, das sie als eine dynamisch gestaltete Umrahmung der Fläche einsetzten. Die Lust am Dekor zeigt sich heute noch vielerorts an Altären, Ziborien, Kanzeln oder Chorschranken, die mit prachtvollen Reliefs verziert wurden. Damit wagten die Langobarden einen ersten vorsichtigen Schritt in Richtung Architekturplastik oder Vollplastik, die nach der frühchristlichen Auffassung einer heidnischen Götzenanbetung gleichkam. Im Piemont sind Kunstwerke des ersten Jahrtausends – abgesehen von einigen Römerbauten – nicht mehr erhalten. Die Sarazenen, die im 10. Jh. nahezu uneingeschränkte Herren des Mittelmeers waren, hatten einen ihrer bedeutendsten Stützpunkte in *Fraxinetum* an der ligurischen Küste. Von hier aus durchkämmten sie den Piemont und das Aostatal nach Kostbarkeiten; alle Bauten wurden vollständig zerstört. Nach ihrer Vertreibung im 10. Jh. schrieb man im Piemont in kunsthistorischer Hinsicht quasi die Stunde Null.

## Die Maestri comacini

Die Steinmetze vom Comer See prägten seit dem 11. Jh. entscheidend den lombardischen Baustil: große Gewölbekirchen mit einer Vorhalle sowie einem freistehenden Campanile. Ihre Arbeiten gaben einen enormen kulturellen Anstoß, der von Oberitalien aus bis weit in die Länder nördlich der Alpen reichte. Die *Maestri comacini*

*Eine Meisterleistung der Langobarden: variantenreicher Säulenschmuck am Dom zu Como*

### Feste und Veranstaltungen

*Carnevale:* In der Lombardei wird in fast allen Städten der Karneval im Februar sehr ausgiebig und ausgelassen gefeiert. Ihren Höhepunkt findet die aufgeheizte Stimmung in den karnevalesken Umzügen am Samstag nach Aschermittwoch.

*Festa degli Navigli* in Mailand: In den *naviglie* findet Anfang Juni ein besonders schönes Fest statt, bei dem Wasserspiele und Schwimmwettkämpfe sowie viele lombardische Spezialitäten geboten werden.

*Festa dei Lumaghitt* auf der Isola Comacina im Comer See: Auf dem hell erleuchteten See setzen in der Nacht zum 24. Juni blumengeschmückte Boote zur Isola Comacina über. Ein Ehrenfest für San Giovanni.

*Festa di San Giovanni* in Turin: Am 24. Juni, dem Festtag des Schutzpatrons der Stadt, finden hier ein malerischer Umzug in historischen Kostümen sowie Ritterspiele statt, die in romantischer Verklärtheit das Mittelalter unter Trommelwirbeln und Trompetenfanfaren wieder auferstehen lassen.

*Festa dei Madonnari in Le Grazie* in Mailand: Am 15. August jeden Jahres werden die schönsten Malereien auf dem Pflaster vor der Kirche *Santa Maria delle Grazie* prämiert.

*Douja d'Or* in Asti: Der Beginn der Weinlese wird in Asti Anfang September zehn Tage lang auf der Piazza Alfieri feucht fröhlich gefeiert.

*Palio di Asti:* Am dritten Sonntag im September findet in Asti ein Pferderennen nach dem Vorbild von Siena statt. Auftakt des Spektakels ist ein farbenprächtiger Umzug in historischen Gewändern des Mittelalters.

*Fiera del Tartufo* in Alba: Im Oktober dreht sich in Alba alles um die Trüffeln, die im Rahmen einer Messe in allen erdenklichen Variationen zubereitet und angeboten werden.

*Festa del Padrono Sant'Ambrogio* in Mailand: Der Schutzpatron der Stadt wird im Dezember vor der von ihm geweihten Basilika mit einem Kunsthandwerks- und Antiquitätenmarkt geehrt, auf dem man auch köstliche lombardische Süßigkeiten findet.

sowie die mit ihnen kooperierenden *Maestri intelvesi* aus dem Intelvital waren rührige Künstler, die in einer Art Handwerkerverbund in halb Europa die Kirchenbaukunst prägten.

Für den Piemont ist die *Romanik* neben dem Barock die bedeutendste Kunstepoche. Zahlreiche Klosterbauten und kleine Pfarrkirchen überziehen seit der Romanik das Land und begründen den Neubeginn christlichen Lebens nach dem Sturm der Sarazenen.

## Himmelssturm der Gotik

Mönche brachten Ende des 12. Jhs. die Bauformen der Gotik mit über die Alpen nach Oberitalien. Zu Beginn des 12. Jhs. entstanden vielerorts Kathedralen, deren Bau sich oftmals über Jahrhunderte hinzog. Daher läßt sich häufig der Übergang von der Romanik zur Gotik im oberitalienischen Kirchenbau ablesen.

Vorbild der italienischen Gotik waren die Kathedralen Frankreichs, auch wenn deren atemberaubende vertikale Architektur in Italien so nie nachvollzogen wurde. Dennoch wandte man in Mailand den adaptiven Blick noch lange nach Reims oder Chartres, während die Toskana bereits mit der Renaissance die Baukunst revolutionierte.

Im Aostatal entstanden zahlreiche, äußerst prachtvoll gestaltete Burgen, deren üppige, geradezu schwelgende gotische Bauformen einen kontrastreichen Spannungsbogen zu der rauhen Kargheit der Landschaft aufbauen. Im Piemont dagegen ließen sich die Adeligen prachtvolle Palazzi mit spitzbogigen Fenstern und Portalen errichten, die in manchen Städten wie Rivoli oder Casale Montferrato bis heute das Bild ganzer Straßenzüge prägen.

## Ideale der Antike: die Renaissance

Allein die Gonzaga in Mantua gaben sich in der Lombardei offen für die neuen Künstler der Renaissance. Der kunstbeflissene Markgraf Ludovico Gonzaga rief den brillanten Baumeister Leon Battista Alberti sowie den Maler Andrea Mantegna an seinen Hof.

Im Rahmen einer großzügigen Umstrukturierung des Stadtkerns nach dem Konzept der *città ideale* wurde Alberti der Bau zweier repräsentativer Kirchen anvertraut: Sant'Andrea sowie San Sebastian, die heute zu den Wahrzeichen der Stadt gehören. Alberti war ein ausgezeichneter Kenner aller Künste und Wissenschaften, ein enzyklopädischer Geist, der schließlich die Baukunst zu seinem Metier erkor.

Es waren die bahnbrechenden Ideen der Renaissancekünstler – darunter vor allem Leonardo da Vinci, der 17 Jahre in Mailand arbeitete – die lange vor einer politischen Einigung Italiens eine geistige und künstlerische Verbindung der einzelnen Stadtrepubliken stifteten. Bei Leonardo hatte neben Bernardino Luini auch Gaudenzio Ferrari gelernt, der tonangebend für die piemontesische Renaissancemalerei war und vor allem in Vercelli, in der Kirche San Cristoforo, bedeutende Freskenzyklen mit einem ungewöhnlichen Tiefgang der Oberfläche gestaltete.

## Prachtentfaltung des Barock

Nach einer kurzen, aber äußerst intensiven Zeit, in der der Manierismus vor allem in der Lombardei für etliche spannungsreich gestaltete Bauten sorgte – wie etwa die Kirchenbauten Pellegrino Tibaldis –, feierte der Barock im 17. Jh. epochale Triumphe. Die ungehemmte Suche nach gleichsam bühnenbildnerischen Effekten verdrängte nun den intellektuellen Gestus des Manierismus sowie die formelle Perfektion der Renaissance.

Strukturelle Elemente der Architektur nahmen irrationale Formen an, Säulen und Pfeiler dienten allein der Inszenierung des Raumes.

Der Barock ließ die kompositorische Strenge vorangegangener Jahrhunderte endgültig hinter sich. Die bedeutendsten römischen Barockbaumeister kamen von den oberitalienischen Seen: Domenico Fontana, Carlo Maderna, Martino Longhi sowie Francesco Borromini. Die Lombardei selbst nahm die römischen Formen des Barock zwar auf, gestaltete sie jedoch verhaltener.

*Das gotische Castel Fenis gilt als die bedeutendste Wehrburg des Aostatals*

Zu einer vollendeten barocken Prachtentfaltung aber kam es in Turin. Die barocke Stadterneuerung der Herzöge von Savoyen wurde nach der Vereinigung des Piemont mit Turin als Residenzstadt der Könige von Sardinien-Piemont auf unübertroffene Weise vorangetrieben. Ganze Straßenzüge und Platzensembles entstanden im Stil des Barock und verwandelten die Stadt in eine einzige Bühne, auf der Adel und Kirche ihre prunkvollen Auftritte feierten. Auch kleinere Städte wollten am Glanz der Hauptstadt teilhaben, und so hielt der Barock schließlich im ganzen Piemont Einzug.

*Leonardo da Vinci, Selbstbildnis*

Auch die Musik steht stark unter dem Einfluß des Barock. In Cremona schuf Claudio Monteverdi die erste Barockoper. 1607 wurde sein „Orfeo" aufgeführt, Auftakt einer großen Operntradition.

## Literatur

Mit Alessandro Manzoni (1785–1873) aus Mailand und Vittorio Alfieri (1749–1803) aus Asti geben die beiden Regionen einen bedeutenden Impuls für die klassische Weltliteratur. Alfieri ist einer der Begründer des literarischen *Risorgimento*, der sich Mitte des 18. Jhs. für die politische Einigung Italiens stark engagierte. Er war ein Mann von Welt, reich, weitgereist und dem Leben sehr zugetan. 1774 schrieb er in Turin seine erste Tragödie, „Cleopatra", mit der er bei ihrer Uraufführung im

*Einer der beeindruckendsten Sakralbauten der Renaissance: Sant'Andrea in Mantua*

Jahr 1775 große Erfolge feierte. Diesem Theaterstück folgten zahlreiche weitere Dramen, deren Aufbau sich streng an der klassischen Tragödientheorie orientierte.

Der Romancier Alessandro Manzoni wiederum gilt als der Schöpfer des modernen Italienisch. Seine Bedeutung für die italienische Sprache und Literatur wird nicht selten mit jener von Dante gleichgesetzt. Denn mit seinem Roman „I Promessi Sposi", („Die Verlobten"), der im 17. Jh. in der Lombardei spielt, schrieb er nicht nur ein Stück Weltliteratur, sondern begründete auch die moderne italienische Schriftsprache und Prosa. „Die Verlobten" erzählt die Geschichte von dem jungen Brautpaar Renzo und Lucia, deren Hochzeit durch Intrigen, Schicksalsschläge und Gewalt immer wieder verhindert wird. Im Geschehen um die Verlobten läßt Manzoni das 17. Jh. mit seinen gesellschaftlichen Strukturen und politischen Ereignissen wieder lebendig werden.

Zu den namhaften modernen Literaten Oberitaliens gehören der Autor von „Der Name der Rose", Umberto Eco, oder auch Natalia Ginzburg, die mit ihrem Roman „Familienlexikon" ein Meisterwerk der italienischen Nachkriegsliteratur schuf.

## Cesare Pavese – eine unheilbare Lebenseinsamkeit

Er attestierte sich eine Untauglichkeit zum „Handwerk des Lebens" und nahm sich, 42jährig, am 27. August 1950 in einem Turiner Hotelzimmer mit Schlaftabletten das Leben. Als Cesare Pavese den Freitod wählte, hatte er, seiner Meinung nach, das sich selbst gesteckte Ziel erreicht und alles gesagt, was er hatte sagen wollen. Die letzten Sätze seines Tagebuchs lauten dementsprechend: „Nicht Worte. Eine Geste. Ich werde nicht mehr schreiben."

Cesare Pavese, einer der bedeutendsten Autoren der italienischen Nachkriegsliteratur, litt zeit seines Lebens an dem menschlich wie künstlerisch uneinlösbaren Anspruch an sich selbst. Seine ruhelos zerrissene Seele ließ ihm keinen Frieden beim „Handwerk des Lebens", wie er sein Tagebuch betitelte. Sie entfachte immer wieder in ihm die Sehnsucht nach einem ungetrübten Dasein unter dem Himmel der kleinen piemontesischen Dörfer, wie eben seiner Heimat: Santo Stefano Belbo, eingebettet in die Hügel des Monferrato. Die Landschaft seiner Heimat ist in zahllosen Varianten in seine Bücher eingegangen, Pavese liebte sie „bis zur Verrücktheit".

Die Romane und Texte Paveses beschreiben das Leben als eine Krise in Permanenz, der man nicht ausweichen kann, obwohl er selbst es mehrmals versuchte. Auch seine wenigen Lieben schlugen fehl – stets verließen ihn die Frauen, und in Pavese setzte sich mit der Zeit ein notorischer Frauenhaß fest. Sein Selbstbewußtsein als Mann wurde schließlich auch in politischer Hinsicht verunsichert. Freunde gingen zu den Partisanen, er aber blieb als Verlagslektor im römischen Büro Einaudis zurück. Später legte er diese seine Haltung als Feigheit aus, und seine Scham vor sich selbst wurde nur noch größer. Einzig die Poesie vermochte ihm noch Hoffnung zu geben und seine Selbstmordpläne niederzuhalten. Doch fühlte er sich längst als „einsamer Mann vor dem unnützen Meer" mit der Gewißheit: „Man bringt sich um, weil eine Liebe, irgendeine Liebe, uns in unserer Nacktheit, unserer Wehrlosigkeit, unserem Nichts enthüllt."

Im Frühsommer des Jahres 1950 erhielt Cesare Pavese den wichtigsten italienischen Literaturpreis, den *Premio Strega,* im August setzte er seinem Leben ein Ende.

# Aus Küche und Keller

„Zur Zubereitung eines guten Risotto nach Mailänder Art ist Qualitätsreis erforderlich, etwa vom Typ Vialone, großkörnig und etwas runder als das Korn vom Typ Carolina, welches länglich, fast spindelförmig ist. Der Reis, der nicht völlig geschält (...) ist, genießt die Gunst der piemontesischen und lombardischen Kenner, der Landwirte selber für ihre eigene private Küche." Der Literat und Journalist Carlo Emilio Gadda ist ein genauer, ja fast penibler Koch, doch „Urväterrisotto" ist für die Piemontesen und Lombarden so etwas wie ein Nationalgericht und verlangt nach einer genauen Rezeptur, die etwa auch die Provenienz der Butter festlegt, die unbedingt aus dem Mailänder Flachland kommen muß, also aus dem Gebiet „vom Ticino zur Adda und hinunter bis Crema und Cremona".

Krönung eines jeden Risottos ist der Safran, der dem Reisgericht seine typische Farbe verleiht. Im Piemont reichert man den Reis in den ersten Novembertagen auch mit geschabten Trüffeln oder mit Pilzen an, in Como nimmt man Fisch und in Pavia Froschschenkel. Es liegt wohl auch an der Wetterkarte, daß die Norditaliener der ansonsten im Land üblichen Pasta den Reis vorziehen. Auch verwendet man anstelle von Olivenöl häufiger Butter.

Die lombardische Küche ist eine einfache, bodenständige Küche selbst noch in ihren üppigsten Gerichten oder ihren Spezialitäten, wie beispielsweise dem *panettone*, einem Hefekuchen mit kandierten Früchten, den man vor allem um die Weihnachtszeit serviert.

Den Österreichern schauten die Lombarden ihre Vorliebe für Paniertes ab – ob auch das *costoletta alla milanese*, ein in Ei und Semmelbrösel gewälztes

*Trüffel, eine der kostbarsten und köstlichsten Ingredienzien der piemontesischen Küche*

*Reis bestimmt die Landschaft und die Küche der Lombardei*

*Der Dichter Alessandro Manzoni*

und in Butter gebackenes Kalbsschnitzel, ist bis heute eine Streitfrage. Unbestritten lombardischer Kochphantasie entsprungen ist der deftige *ossobuco,* Kalbshaxen, die mit dem Knochenmark in einem Ragout geschmort und mit Reis und grünen Erbsen serviert werden. Manchmal gibt es auch *polenta* dazu, einen deftigen Maismehlbrei, der traditionell wie der Risotto im Kupferkessel über offenem Feuer zubereitet wird.

Eine besondere Spielart der lombardischen Küche sind ihre viel gerühmten kulinarischen Kompositionen: Die legendäre *zuppa pavese* ist ein Allerlei aus Brot, Ei und Brühe. Und aus Würstchen, Wirsing, Schweinerippchen sowie Speckschwarte kocht man eine *cassoeula;* fast jedes Dorf, bestimmt aber jede Stadt pflegt ihre eigenen Rezepte. Schlemmer kommen in der Lombardei besonders in Mantua auf ihre Kosten. An der Piazza Sordello findet man die feinste *torta sbrisolona,* einen festen Mandelstreuselkuchen, der in Mantua bereits in den Öfen der Gonzaga gebacken wurde. Weitere Köstlichkeiten sind auch die *tortellini di zucca,* süße, mit Kürbis gefüllte Teigtaschen, sowie der *lucio in salsa Mantova,* ein zarter Hecht in scharfer Peperoni-Kapern-Sauce.

Die piemontesische Küche bietet ebenfalls Wonnen der Ursprünglichkeit. Weit über die Landesgrenzen hinaus ist sie vor allem wegen ihrer Trüffeln bekannt, die über einen Teller Pasta, Risotto oder über Carpaccio gehobelt werden. Simple Eleganz prägt auch das piemontesische Nationalgericht, die *bagna càuda,* eine heiße Sauce aus Knoblauch, Kräutern, Anchovis und Öl, in die man frisches Gemüse tunkt. Die Piemontesen mögen's stark gewürzt, daher wandert in fast jeden Kochtopf viel Knoblauch. Er gibt den *agnolotti,* mit Gemüse, Hackfleisch und Kräutern gefüllten Teigtäschchen, ihr Aroma, oder dem *gran buji,* einem Eintopf aus unterschiedlichen Fleischarten und einer pikanten Tomatensauce.

Nach köstlichen Käsespezialitäten wie der mürben *rabiola* oder den *formagelle* aus Schafsmilch, verführt die Küche des Piemont zum Abschluß eines Mahls noch mit feinen Schokoladen. Berühmt sind die *gianduja,* kleine sahnige Kakaoschiffchen mit einer Füllung aus Nußpaste. Auch die *panna cotta,* ein luftiger Sahnepudding mit Himbeermark, könnte eine Schlemmerei krönen.

## Barolo – der Reben dunkelste Trauben

Der Piemont ist eines der berühmtesten Anbaugebiete für italienische Weine. An den Weinhängen der Langhe, einem Tal südlich von Alba, wächst die dunkle Nebbiolo-Traube, aus der einer der besten und teuersten Weine Italiens, der *Barolo,* gekeltert wird, meist mit dem Prädikat DOCG (Denominazione di Origine Controllata e Garantita) ausgezeichnet. Jedoch auch Weine ohne diese Auszeichnung, zum Teil als Tafelweine zu überraschend hohen Preisen angeboten, können von hervorragender Qualität sein. Neben dem kräftigvollen Barolo werden in diesem Gebiet auch der vollmundige *Dolcetto* gekeltert sowie der im Alter samtig-weiche *Barbaresco* und der säurehaltige *Freisa.* Ein weiterer guter Wein ist der *Barbera,* der, aus der gleichnamigen Traube gekeltert, vor allem mit der Herkunftsbezeichnung Barbera d'Asti, d'Alba oder del Monferrato angeboten wird. Beim Kauf dieses etwas herberen Weines muß man aber auf Qualität achten.

In vielen Weinorten des Piemont gibt es eine *enoteca,* Weinläden, die ausschließlich gute Weine führen und in denen man auch beraten wird. Zahlreiche Weingüter bieten ebenfalls erstklassige Weine an und laden zur Probe ein. Auch stehen meist ein paar Zimmer zum Übernachten zur Verfügung. Barolo-Liebhaber kommen auf dem Weingut von Franco Oberto in La Morra auf ihre Kosten, wo man auch einige Tage wohnen kann.

# Urlaub aktiv

Berge und Seen der Lombardei und des Piemont bilden das grandiose Ambiente für einen Aktivurlaub, in dem auch die Kultur nicht zu kurz kommt.

Barolo, ein schwerer, voller Wein aus dem Piemont

## Wassersport

Die Seen der Lombardei bieten Moglichkeiten zum Baden, Segeln, Surfen, Wasserski oder Motorbootsport. In allen größeren Ferienorten gibt es Surf- oder Segelschulen.

*Segelschulen:* **Cantiere Nautico Crespi,** Viale Baraca, I-28042 Baveno (Verbania), ☏ 0323/2028; **Cantiere Nautico Cadé,** Piazza Lago, I-21010 Castelveccana (VA), ☏ 0332/520010; **Circole e Scuola Vela Lega Navale Italiana,** Via Imbarcadero 1, I-22054 Mandello del Lario (Lecco), ☏ 0341/730355.

*Wasserski* fahren kann man im **Club Sci Nautico,** Via per Osteno, I-22018 Porlezza (Como), ☏ 0344/61852.

*Surfschulen* am Gardasee: **Pippo Sport,** Padenghe sul Garda, ☏ 030/9907063; **Centro Surf Martini Sport,** Sirmione ☏ 030/916208.

Der Lago di Garda ist ein Paradies für Surfer und Segler

## Wandern und Bergsteigen

Das Hinterland der oberitalienischen Seen, die piemontesischen Alpen sowie das Aostatal sind ein ideales Wanderrevier. Rund um den Comer See und den Gardasee sowie im Aostatal findet man gut markierte Wege. Der mehr als 100 km lange Höhenweg *Alta Via 1* führt durch die südlichen Walliser Alpen und die Monte-Rosa-Täler, die *Alta Via 2* verläuft ab Courmayeur in umgekehrter Richtung durch die Rutor- und Paradisogruppe. Natur pur bietet der *Parco Nazionale del Gran Paradiso,*

ein geschütztes Naturparadies. Wander- und Naturführer, von den Regionen und dem WWF gemeinsam herausgegeben, gibt es im Buchhandel („Il Cammina ...“, Arcadia Edizioni).
ℹ Bei den regionalen Alpenvereinen. Zentrale: Club Alpino Italiano, Via E. Fonseca Pimentel, I-20127 Milano, ☎ 02/26141378

### Wintersport

Anhänger des alpinen Skisports, aber auch Loipenfans kommen besonders im Aostatal bei Courmayeur, bei Pila und Cervinia, im Piemont rund um Cuneo, in der Lombardei auf den präparierten Pisten am Monte Penice, bei Livigno oder Bormio auf ihre Kosten. Eine Karte der Gebirgsorte der Lombardei mit Hotel- und Sporteinrichtungen gibt es bei der *Regione Lombardia, Settore Commercio, Sport e Tempo Libero,* Via Fabio Filzi 22, I-20124 Milano.

### Reiten

Reitschulen, die Ausritte und Reiterferien organisieren, findet man an den lombardischen Seen, u. a. in Magreglio oder Canzo (Comer See), in Ghirla und Bodio (im Varesotto) sowie in Toscolano Maderno und in Desenzano (Gardasee) oder in Asti und dem Monferrato.

*Reithöfe:* **Del Castello,** Castellamonte, ☎ 02/582734; **Manolo,** Carmagnola, ☎ 011/979060; **Centro Equestre Monferrato Valgera,** Cascina Caramagna Asti, ☎ 0141/75210.

### Golf

Alles dreht sich um den kleinen weißen Ball auf den Greens von: **Golf Bogliaco** in Brescia, **Golf Club Carimate** in Carimate, **Golf Monticello** in Cassina Rizzardi bei Como oder dem **Golf Club Varese** in Monastero di Luvinate.
ℹ Mailand: Assessorato Provinciale Sport, Turismo, Tempo Libero, Via Vivaio 1, ☎ 02/77401.
Turin: Assessorato al Turismo, Sport e Tempo Libero della Provincia, Via San Francesco da Paolo 3, ☎ 011/535181.

# Unterkunft

Eine Suite im Mailänder Luxushotel *Four Seasons,* das sich in einem ehemaligen Kloster aus dem 15. Jh. versteckt, oder ein Kämmerchen in einer *baita,* einer Berghütte im Aostatal – was auch immer man als Nachtquartier vorzieht, das Angebot der Lombardei und des Piemont beinhaltet sicherlich etwas für jeden Geschmack. Wer etwa einmal in einer Burg sein müdes Haupt betten möchte, kann im Ⓗ *Castello di San Giorgio* in San Giorgio Monferrato durchaus komfortabel übernachten. Weinliebhaber finden im Piemont zahlreiche Weingüter, die auch Zimmer vermieten. Bauernhöfe *(agriturismo)* bieten vor allem für Familien eine preiswertere Urlaubsalternative.
ℹ Agriturist Lombardia, Via Isonzo 27, I-20135 Milano, ☎ 02/58302122.

**Luxushotels** findet man vor allem in Mailand und Turin sowie an den oberitalienischen Seen. Wer jedoch in einem Adelspalast inmitten von duftenden Blütengärten übernachten möchte, sollte sich in Verbania am Lago Maggiore oder in der Umgebung von Como umsehen.

**Mittelklassehotels** haben oft recht unterschiedliche Qualität. In Bergamo, Mantua oder Cremona gibt es stilvolle Quartiere in alten Palästen und Villen, die vergleichsweise günstig sind.
ℹ Hotelbuchung Lombardei: Assessorato al Turismo, Via Fabio Filzi 22, I-20124 Milano, ☎ und 📠 02/67655428.
Hotelbuchung Piemont: Associazione Albergatori Piemontesi, Via Massena 20, I-10128 Torino, ☎ 011/5628813.

**Campingplätze** liegen weit gestreut und meist in reizvollen Landschaften.
ℹ Federazione Italiana del Campeggio, Via Vittorio Emanuele, I-50041 Calenzano, ☎ 055/882391.

# Reisewege

**Mit dem Flugzeug:** Milano-Linate, Milano-Malpensa und Torino-Caselle werden mehrmals täglich von fast allen europäischen Städten aus angeflogen.

**Mit der Bahn:** Knotenpunkt des Bahnnetzes in Oberitalien ist der Mailänder Bahnhof, die *Stazione Centrale*. Von hier gehen beinahe stündlich Züge nach Turin und Bologna sowie zu den wichtigsten oberitalienischen Städten.

**Mit dem Auto:** Schnellste Anfahrtswege nach Oberitalien sind die Sankt-Gotthard- sowie die Brenner-Autobahn bzw. die Strecke über Lindau, Chur und den San-Bernardino-Paß. Die Benutzung der Schweizer Autobahnen, der Brenner-Autobahn sowie der Autostrade ist gebührenpflichtig. Bei der Anfahrt nach Mailand ist zu bedenken, daß das Zentrum für den Verkehr gesperrt ist. Parkplätze gibt es außerhalb der Stadt (Buszubringer zum Zentrum).

Tankstellen sind überall zu finden, viele werden jedoch über Mittag und abends nicht bedient, daher empfiehlt es sich, 10 000-Lire-Scheine für die Tankautomaten vorrätig zu haben.

Bei Verkehrsverstößen, wie Halte- und Überholverbot, Geschwindigkeitsüberschreitung, muß man mit drakonischen Bußgeldern rechnen; zudem werden Falschparker abgeschleppt. Es gilt Anschnallpflicht.

**Mit dem Bus:** Ein gut ausgebautes Netz von Buslinien erschließt vor allem die Ortschaften im Piemont. Aber auch in der Lombardei erreicht man mit dem Bus alle angestrebten Zielorte.

ℹ Auskunft über Abfahrtszeiten und Haltestellen geben die örtlichen Verkehrsvereine.

*Die prachtvolle Fassade des Mailänder Bahnhofs*

*Ausflugsfahrt über den Lago Maggiore*

*Fürstlich wohnen in der Villa d'Este*

# *** Mailand

Seite 29

## Die „städtischste der Städte"

**Die feinsten Designer, die verrückteste und eleganteste Mode, die besten Restaurants, die meisten Feinkosthändler, der prächtigste Glanz und der lauteste Trubel – geht es um Lebensart, ist Mailand (Milano) Italiens *numero uno.* Mailand, das ist ein einziges urbanes Abenteuer. Die in Jahrhunderten gewachsene Residenzstadt der Visconti und Sforza sowie der österreichischen Vizekönige explodierte nach dem Anschluß an das Königreich Italien zu einer der bedeutendsten europäischen Industriemetropolen, in der das Leben pausenlos pulsiert, sei es am Tag auf der Via Montenapoleone, die zur Stunde des Corso am späten Nachmittag mit ihren prachtvollen Modetempeln hofhält wie eine Königin, sei es auf dem Platz vor dem Dom, diesem gigantischen Opus himmelstürmender Baukunst, oder abends an den *naviglie*, den stillen Kanälen, an denen sich nach Einbruch der Dunkelheit ein einzigartiges Nachtleben entfaltet.**

**Aber Mailand ist nicht nur Amüsement – immer begleitet die Stadt ihre Besucher auch in eine spannungsreiche Geschichte, in der der ruhmreiche Hof des Ludovico il Moro mit Künstlern wie Leonardo da Vinci nur einer der kulturellen Glanzpunkte war.**

## Geschichte

Gibt es keine bedeutungsvolle, geplante Stadtgründung, muß eine Legende her, die die Anfänge von Städten in eine etwas ehrfürchtigere Aura kleidet. Im Falle Mailands hat man sich für die Geschichte mit dem Wildschwein entschieden, das durch eine dichte Weißdornhecke geprescht ist und auf dem heutigen Mailänder Domplatz anhielt. Kelten, die diesen Vorgang beobachteten, verstanden ihn als bedeutungsvollen Hinweis und gründeten eine Siedlung zwischen Po, Ticino und Adda.

Die strategisch günstige Lage der Siedlung erkannten auch die Römer, die die Kelten 222 v. Chr. verdrängten und 89 v. Chr. der Stadt *Mediolanum* Bürgerrecht verliehen. Schon bald entwickelte sich das antike Mailand zu einem Verkehrsknotenpunkt im Norden des Römischen Reiches. Vielleicht sorgte der rege Austausch der Stadt mit anderen Regionen für die tolerante Aufgeschlossenheit Mailands: Im Jahre 313 wurde durch Kaiser Konstantin den Großen im Edikt von Mailand die Entwicklung des Christentums zur Staatsreligion vorbereitet. Es war im folgenden vor allem der Mailänder Bischof Ambrosius, der die Stadt durch die Einführung der Liturgie und des Kirchengesangs neben Rom zum geistlichen Zentrum des Landes machte. Die kulturelle Blütezeit, die nun begann, war aber nur von kurzer Dauer.

Im 5. und 6. Jh. wurde Mailand zum Korridor durchziehender Völkerscharen. Westgoten, Hunnen, Ostgoten und schließlich die Langobarden, die ihre Residenz nach Pavia verlegten, überrannten die Stadt und zerstörten blindlings ihr gewachsenes Gefüge. Mailand fiel zusehends in die Bedeutungslosigkeit und leistete sich erbitterte Kämpfe mit Pavia, der neuen Hauptstadt des Langobardenreiches. Erst im 11. Jh. konnte es im Lombardischen Städtebund wieder eine dominierende Stellung erlangen. Aus dem Streben nach kommunaler Autonomie entstand im 12. Jh. in vielen Städten Nord- und Mittelitaliens die sogenannte *Signoria*, ein Stadtparlament, das nun, unter der

*Der Mailänder Dom*

Herrschaft der beiden Adelsgeschlechter der Visconti und Sforza, eine der glanzvollsten Perioden Mailands einläuten sollte.

Seite 29

Vor allem Ludovico il Moro verwandelte die Stadt in eines der bedeutendsten kulturellen Zentren der damaligen Zeit und holte Leonardo da Vinci sowie Bramante an seinen Hof. Politisch geriet das Herzogtum jedoch immer mehr in Bedrängnis. 1500 gelang es Ludwig XII. von Frankreich, die Herrschaft in Mailand zu übernehmen.

Wieder begann eine jahrzehntelange Besatzungszeit, in der sich Spanier, Österreicher, Franzosen und dann erneut die Österreicher gegenseitig ablösten. Erst 1859 zog König Vittorio Emanuele II von Piemont in Mailand ein und befreite die Stadt von jahrzehntelanger Fremdherrschaft; zwei Jahre später wurde das Königreich Italien ausgerufen.

## Stadtspaziergänge

### Von Himmlischem und Weltlichem

Alles in Mailand nimmt seinen Ausgang beim *** **Dom** ❶ – sagen die Fremden. Die Mailänder halten oftmals die Basilica Sant'Ambrogio dagegen. Vielleicht, weil sie sich als *Ambrosiani* verstehen und den Bischof aus dem 4. Jh. als ihren Stadtvater verehren. Keiner würde aber wohl bestreiten, daß der Dom, dieser riesige Marmorkoloß, Mailands imposantestes Baudenkmal und wenn auch nicht geistiges, so doch augenfälliges Zentrum der Stadt ist, gleichsam die in Szene gesetzte Mitte der Stadtmitte. Daß bei dem Bau des Mailänder Doms schon immer so etwas wie Bühnengestaltung und Architekturdramaturgie mitspielte, belegt die einzigartige Baugeschichte, die sich von 1385 bis 1950 hinzog, als man schließlich noch die Bronzeportale an der Hauptfassade fertigstellte.

„Eine sinnlose Häßlichkeit und leere Gedankenlosigkeit", schimpfte der Schweizer Kultur- und Kunsthistoriker Jacob Burckhardt den Mailänder Dom, und auch Goethes Urteil fiel nicht gerade wohlwollend aus.

Im Laufe der Jahrhunderte entstanden unzählige Marmorfiguren der verschiedensten Stilrichtungen, die die Fassade sowie die Fialen- und Turmwälder bevölkern und beleben. Von überallher blicken die Heiligen und überragen stolz die Stadt. Den höchsten Punkt des Doms krönt eine vier Meter hohe Madonna. Bis 1959 war Santa Maria Nascente das höchste Bauwerk der Stadt. Dann mußte sie diesen Titel – ganz im Zeichen der Zeit – an die Gralsburg der Pirelli abgeben. Dennoch bieten die mit Marmortafeln gepflasterten Dachterrassen des Doms, zu denen an der Nordseite eine Treppe und ein Fahrstuhl führen, einen weiten Ausblick auf die Stadt und die lombardische Ebene. Darüber hinaus ist es ein Erlebnis besonderer Art, in dieser gleichsam himmlischen Stadt zwischen all den Fialen, Giebeln, Zinnen und Statuen spazierenzugehen.

Der weite, nur spärlich beleuchtete *Innenraum* des Doms scheint von einem nie enden wollenden Summen erfaßt, hervorgerufen durch die vielen Menschen, die ihn besuchen. 52 Bündelpfeiler teilen das Langhaus in fünf Schiffe, in denen im diffusen Licht die Heiligen hoheitsvoll von den Wänden blicken. Die Innengestaltung des Doms geht vor allem auf den manieristischen Künstler Pellegrino Tibaldi zurück, den Carlo Borromeo, der erste Bischof von Mailand, mit der Gestaltung der Fußbodenmosaiken sowie zahlreicher Altäre beauftragte. Sein Hauptwerk ist der Hochaltar in der Chorkapelle. Auch die *Krypta* unter dem Chor entstand 1606 nach Entwürfen Pellegrino Tibaldis. Von hier steigt man in die Borromäus-Kapelle, einen besonders prunkvoll ausgestatteten Raum, in dem der Heilige in einem Sarkophag aus Bergkristall ruht. In einem angrenzenden Raum wird der Domschatz gezeigt: kostbarste Gold-, Silber- und Elfenbeinarbeiten aus dem 4. bis 17. Jh. Wer sich für

Schmiedearbeiten interessiert, sollte sich den *Trivulzio-Kandelaber* im nördlichen Querschiff des Doms anschauen. Der imposante siebenarmige und fünf Meter hohe romanische Bronzeleuchter stammt aus dem 12. Jh. und wird einem französischen Meister zugeschrieben.

In die Vorgeschichte des Gotteshauses führt eine Treppe im Innern seitlich des Hauptportals. Unter dem Domplatz hat man im Rahmen jahrzehntelanger Ausgrabungen die gesamte Anlage der über einem achteckigen Grundriß gebauten Taufkirche *San Giovanni alle Fonti* freigelegt, die im 4. Jh. unter Ambrosius errichtet worden war. Sie war das erste Baptisterium der Christenheit.

*Nur wenig Licht fällt durch die Fenster des Doms*

Seite 29

Die **Piazza del Duomo** fungiert als Spiegelbild der Stadt. Die Lichtreklamen, die ewigen Baustellen, die so unterschiedlichen Fassaden und das Gebirge des Doms bilden ein spannungsreiches Ensemble, das durchaus typisch ist für das Mailand von heute. Es lohnt sich, einen Augenblick auf den Treppen zu verweilen und das bunte Treiben hier zu beobachten.

*Die Piazza del Duomo, Forum für Straßenkünstler aller Art*

In der Mitte des Platzes erinnert ein bronzenes Reiterstandbild an König Vittorio Emanuele II, der Mailand 1859 von der österreichischen Fremdherrschaft befreite. Die Basreliefs im Sockel erzählen vom Einzug der französisch-piemontesischen Truppen in die Residenzstadt.

Im Südosten geht der Domplatz in die kleine, ruhige *Piazzetta Reale* über, die ihren Namen vom **Palazzo Reale** ❷ ableitet, in dem das **Dommuseum** die Geschichte *Santa Maria Nascentes* bis in alle Einzelheiten aufschlüsselt. Studien, Zeichnungen, Pläne und Modelle dokumentieren die Baugeschichte des Doms, die aufs engste mit der Mailänder Stadtgeschichte verknüpft ist.

*Reiterstandbild Vittorio Emanueles II auf der Piazza del Duomo*

Die Sammlung des **Museums zeitgenössischer Kunst** (19. und 20. Jh.) im

Palazzo Reale umfaßt neben Werken der Futuristen auch Arbeiten des großen Metaphysikers Giorgio De Chirico sowie Bilder von Amadeo Modigliani, Giorgio Morandi und Plastiken Marino Marinis. (🕓 Tgl. außer Mo 9.30–12.30 und 15–18 Uhr.)

Seite 29

Die kleine Kirche **San Gottardo ❸** ist dem Bauensemble des Palazzo Reale im Süden eingefügt. Der elegante achteckige Campanile, als schönster Glokkenturm der Stadt gerühmt, und die Apsis stammen noch aus dem Jahr 1336, als Azzone Visconti die Palastkapelle in Auftrag gab. Der Kirchenstifter ist im Innern der Kirche, linker Hand vom Hochaltar, begraben.

Handels- und Verwaltungszentrum des mittelalterlichen Mailand war die ***Piazza dei Mercanti ❹**, die sich im Westen an den Domplatz anschließt. Der kleine, geradezu lauschige Platz versetzt einen in seiner Abgeschiedenheit von der Großstadthektik in die Zeit der freien Kommune, als sich hier das städtische Leben konzentrierte. Leider schlug man Mitte des 19. Jhs. aus verkehrstechnischen Gründen mit der Via Mercanti eine Schneise in das geschlossene Platzensemble und zerstörte seine Harmonie.

In der Mitte des Marktplatzes erhebt sich der **Palazzo della Ragione,** das 1230 errichtete Rathaus. Die Bogengänge des Erdgeschosses dienten, wie in vielen lombardischen Rathäusern, als Markthalle, im Geschoß darüber kamen die Ratsherren zusammen. Gegenüber liegt die **Loggia degli Osii,** deren Fassade im toskanischen Stil mit schwarzen und weißen Marmorbändern gestaltet ist. Auf dem Balkon der Loggia wurden die Gerichtsurteile verkündet, die zuvor im **Palazzo dei Giureconsulti,** dem Gerichtspalast, gefällt worden waren. Er liegt heute auf der anderen Straßenseite und sticht vor allem mit seinen schmuckvollen Fensterverzierungen ins Auge.

An der Nordseite des Domplatzes öffnet sich die gewaltige ***Galleria Vittorio Emanuele,** das imperiale Triumphtor Mailands. Das bombastische Passagenwerk aus einer Glas- und Eisenkonstruktion entstand zwischen 1865 und 1877, als überall in Europa überdachte Ladenstraßen in Mode kamen. Den Mailändern diente ihr *salon* zum Flanieren. Denn wo hatte der italienische Corso des Sehens und Gesehenwerdens eine bessere Bühne als in der ehrfürchtigen Halle der Galleria, die mitunter so provokativ an den Peters-

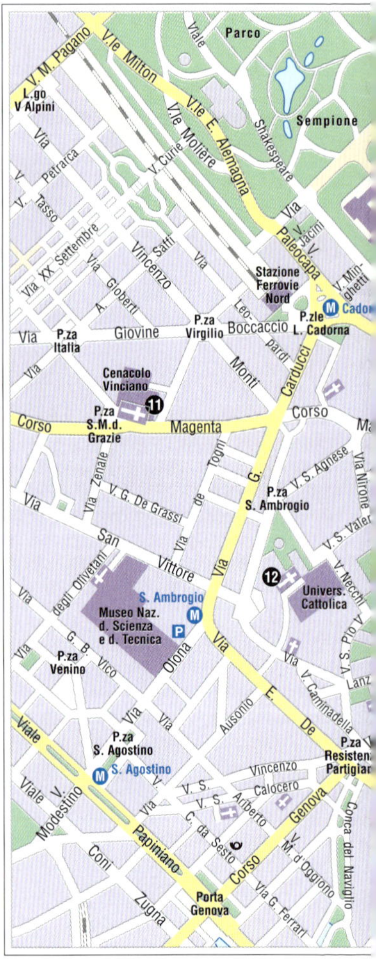

Seite 29

1. Dom
2. Palazzo Reale
3. S. Gottardo
4. Piazza dei Mercanti
5. Museo Poldi-Pezzoli
6. Pinacoteca di Brera
7. Museo del Risorgimento
8. S. Satiro
9. Pinacoteca Ambrosiana
10. Castello Sforzesco
11. S. Maria delle Grazie
12. Basilica S. Ambrogio
13. S. Lorenzo Maggiore
14. S. Eustorgio

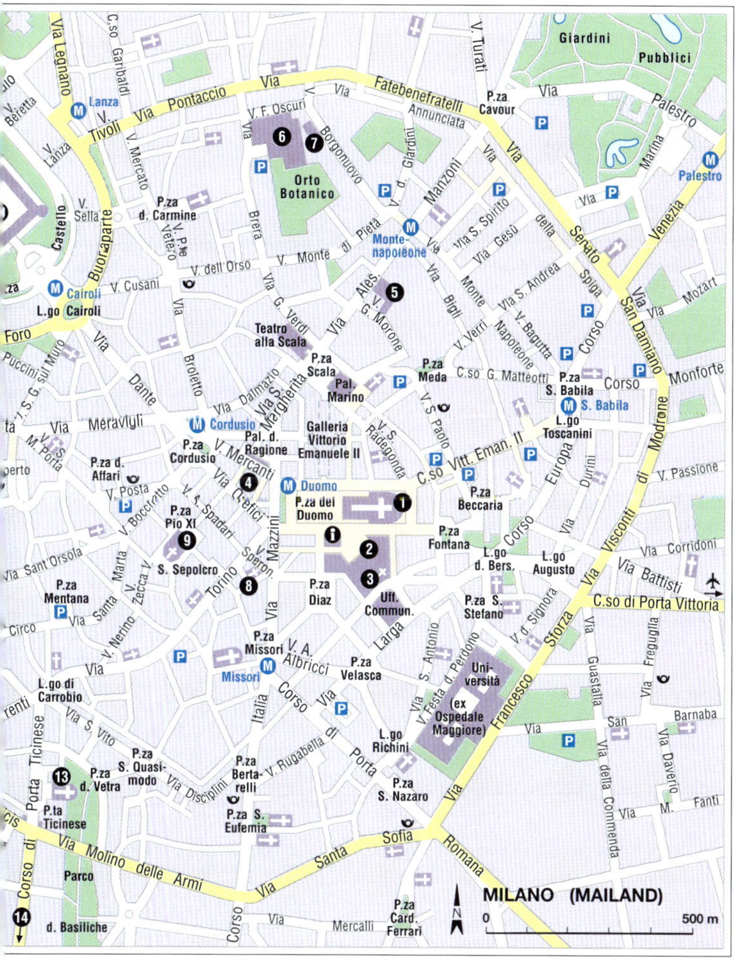

dom in Rom erinnert? Und wo konnte man zum Campari eleganter sitzen als im *Camparino,* wo der rote Aperitif erfunden wurde und wo ein einziges großes Mosaik gleich einem Teppich die Wände überzieht.

Seite 29

Der glamouröse Kommerztempel stillt aber nicht allein die Bedürfnisse der Eitelkeiten, er erfüllt durchaus auch eine städtebauliche Funktion und verbindet die Piazza del Duomo mit der **Piazza della Scala.** In ihrer Mitte erhebt sich stattlich und vergeistigt Leonardo da Vinci, umgeben von seinen Schülern. Zwei mächtige Palazzi drängen sich auf der Piazza in den Vordergrund: der *Palazzo Marino,* das Mailänder Rathaus, mit seiner manieristischen Fassade von 1888, in der die Mailänder nochmals ihre Vorliebe für kulissenhafte Bühnengestaltung zum Ausdruck brachten, und das weltberühmte Opernhaus **Teatro alla Scala,** dessen Bedeutung man nicht gerade an der schlichten, geradezu ärmlichen Fassade ablesen kann. Doch die Scala schrieb ein Stück Musikgeschichte und war einst mit ihren 2000 Plätzen das größte Theater Europas. Kaiserin Maria Theresia, die Mailand sehr schätzte, gab das Opernhaus 1777 in Auftrag, nachdem das alte Mailänder Theater in Flammen aufgegangen war. Schon bald war die Scala mit ihren Opern von Rossini, Donizetti und Bellini sowie mit den Stimmen von Caruso, Rubini oder Pasero in aller Munde. Einen Höhepunkt seiner weltweiten Berühmtheit erreichte das Opernhaus 1839, als Giuseppe Verdi nach Mailand kam und das Publikum in Begeisterungsstürme versetzte. Heute ist es fast unmöglich, Karten für eine Vorstellung im Musentempel zu bekommen, es sei denn, man hat sie schon lange vorbestellt. (🕓 Tgl. 9–12 und 14–18 Uhr.)

Die Scala, von deren Bühne im 19. Jh. auch durchaus revolutionäre Impulse ausgingen, hat sich längst im Establishment eingerichtet und lebt nicht zuletzt von ihrem legendären Ruf. Wie dieser entstanden ist, dokumentiert das *****Museo della Scala,** dessen Sammlung Gemälde, Büsten, Requisiten und Masken sowie Bühnenausstattungen umfaßt. Von hier ist auch ein Blick in den prachtvollen Zuschauerraum möglich. (🕓 Tgl. 9–12 und 14–18 Uhr.) Wer immer noch im Opernfieber schwelgt, kann im *Caffè della Scala* in der Via Verdi noch einmal die schönsten Arien vom Band hören. Mag sein, daß gar ein Star vorbeikommt...

Durch die Via Manzoni führt der Rundgang zum ** **Museo Poldi-Pezzoli** ❺, das im Wohnhaus des gleichnamigen Sammlers eingerichtet ist. Die kostbar

## Alta Moda – die Kunst der Stoffe

Immer wird *Milano* noch in einer Reihe mit Paris, London oder New York geführt, doch längst hat die Stadt, davon sind jedenfalls die Milanesi überzeugt, alle anderen Metropolen in Sachen Mode überflügelt. Und nach einem Bummel auf der Via Montenapoleone ist man leicht geneigt, ihnen recht zu geben. Seit den späten 70er Jahren, als die Couturiers wie Missoni, Krizia, Mila Schön oder Giorgio Armani sensationelle Triumphe über die Konkurrenz aus Paris feierten, ist es hier eng geworden. Denn kein Modeschöpfer kommt mittlerweile ohne eine Dependance – möglichst aus Granit, Marmor und schwarzem Stahl – im *Goldenen Dreieck* aus. Längst hat sich diese illustre Gesellschaft der Eitelkeiten auch in den *borghi* breitgemacht, in den kleinen Gassen rechts und links der Luxusstraße. Doch den Trend in der Mode geben in Mailand nicht nur die gestylten Schaufenster der Couturiers vor, sondern vor allem die Messen und Defilees der Haute Couture und Prêt-à-porter-Mode, auf denen die Sehnsüchte nach der Kunst der Stoffe so unstillbar geweckt werden.

ausgestatteten Patrizierräume aus dem 19. Jh. bilden ein ideales Ambiente für die Meisterwerke von Piero della Francesca, Bellini, Tiepolo und Breughel sowie feinste Silberarbeiten, alte Waffen und römische Bronzen. (Di bis Fr 9–12.30, 14.30–18, Sa 9.30–12.30, 14.30–19.30, So 9.30–12.30 Uhr.)

Die Galleria Vittorio Emanuele, Mailands Salon

Seite 29

Kostbarkeiten aus heutiger Zeit findet man in der **Via Montenapoleone,** die zusammen mit ihren Seitenstraßen das berühmte *Goldene Dreieck* bildet, Mailands Einkaufsparadies (s. S. 34). Bevor man sich aus dieser Glamourwelt zur Brera aufmacht, kann man noch eine kurze Rast im *baretto* einlegen, einem schummrigen kleinen Lokal in der Via S. Andrea.

Festliche Atmosphäre in der Mailänder Scala

In die Aura des Unvergänglichen taucht man dann wieder in der ** **Pinacoteca di Brera** ❻ ein, die in einem Jesuitenkolleg aus dem 17. Jh. untergebracht ist. Die Gemäldesammlung ist eine der hochkarätigsten Kollektionen Italiens mit mehr als 2000 Werken, vor allem italienischer Malschulen vom 14.–20. Jh. (Di–Sa 9–18 Uhr, So 9 bis 13 Uhr). Gleich um die Ecke dokumentiert das **Museo del Risorgimento** ❼ die italienische Einigungsbewegung (Tgl. außer Mo 9.30–17.30 Uhr).

## Historische Spurensuche

Auftakt dieses Rundgangs ist die kleine Kirche **San Satiro** ❽, die an der lauten Via Torino liegt, aber ein besonders schönes Beispiel der Frührenaissance darstellt. Die Freude über die Zentralperspektivenfindung drückt sich vor allem im Innern der von Bramante 1478 errichteten Kirche aus, wo der Baumeister die Tiefe der Apsis mittels kunstvoller Stuckornamentik perspektivisch vortäuscht.

Über die Feinschmeckermeile der *Via Speronari* und der *Via Spadari* gelangt man zur ** **Pinacoteca Ambrosiana** ❾.

Alles dreht sich um die Mode

Neben einer bedeutenden Gemäldesammlung mit Werken von Raffael, Leonardo da Vinci, Caravaggio und Tizian beherbergt der Palast aus dem 17. Jh. eine berühmte Bibliothek mit einem Bestand von über 750 000 Büchern, darunter Manuskripte von Vergil und da Vinci sowie eine gotische Bibel (🕓 Bibliothek Mo bis Fr 9-17.30, Pinakothek Di bis So 10-17.30 Uhr).

Seite 29

Über die *Via Orefici* und die *Via Dante* erreicht man das mächtige ** **Castello Sforzesco** ⑩, die von Zinnen bekrönte Trutzburg der Sforza, in der sich die Herzöge vor dem immer unruhiger werdenden Volk schützen wollten. Leonardo da Vinci und Bramante schufen die Dekorationen des 1450 an der Stelle einer alten Visconti-Burg errichteten Kastells, das sich mit seiner imposanten Größe und Mächtigkeit heute wie ein Fremdkörper in der eng bebauten Umgebung ausnimmt. Ihre Funktion hat die Burg ja auch längst verloren; sie beherbergt nun mehrere Museen: die prähistorische und die ägyptische Sammlung, das Museum der Burg, in dem sich Michelangelos letztes Werk, die * *Pietà Rondanini*, befindet, sowie die Sammlung Bertarelli mit Stichen, Drucken und Aquarellen. Der englisch angelegte *Schloßpark* ist im Sommer beliebter Treffpunkt der Mailänder und lädt zu einem Spaziergang zwischen blühenden Beeten ein. Die *Arena* und der *Palazzo d'Arte* geben ihm seinen letzten romantischen Schliff. Außerdem tummeln sich die exotischsten Fische im * *Aquario* der Schloßanlagen, das zu den größten Europas zählt.

Über die *Via Giosuè Carducci* sowie den *Corso Magenta* erreicht man die Kirche ** **Santa Maria delle Grazie** ⑪, zu derem Komplex eines der berühmte-

## Im Glanze Ludovico Sforzas

„Der Papst ist mein Hauskaplan, Venedig mein Schatzmeister, der König von Frankreich mein Kurier" hatte einmal Ludovico Sforza, eine der schillerndsten Herrscherpersönlichkeiten der Renaissance, in vollem Bewußtsein seiner Machtfülle geprahlt. Unter der Herrschaft des Fürsten, der wegen seiner dunklen Hautfarbe auch *Il Moro* genannt wurde, entwickelte sich Mailand zu einer der bedeutendsten und reichsten Städte Italiens mit weitreichender Anziehungskraft. Die besten Künstler der Zeit kamen an den Mailänder Hof, darunter Bramante und Leonardo da Vinci sowie Franchino Gaffurio, ein bekannter Musiktheoretiker und Komponist seiner Zeit.

Mailand war auf der Höhe seiner Zeit, denn Ludovico Sforza hatte Großes im Sinne, zum Ruhme der Stadt und seines Geschlechts. Gebildet, kunstbeflissen und prunkliebend, verwandelte er Mailand – immer mit einem Auge auf die Prachtentfaltung am Hofe der Gonzaga von Mantua blickend – in eine Stadt der Musen. Hilfreich zur Seite stand ihm dabei seine kluge und überall für ihre Anmut bekannte Frau, Beatrice d'Este, Schwester der Isabella d'Este, Markgräfin von Mantua. „Der Hof war angefüllt mit Männern jeden Geschicks und Talents", schrieb der Sekretär der Herzogin, Vincenzo Calmeta, „vor allem waren es Musiker und Poeten. Kein Monat verging, in dem sie nicht unter anderem einige Eklogen oder Komödien oder Tragödien oder andere neue Stücke vorstellen mußten."

Im Jahre 1482 hatte Il Moro Leonardo da Vinci aus Florenz an seinen Hof geholt. Der Künstler schmückte in Mailand jedoch nicht nur Kirchen aus, sondern kümmerte sich auch um technische Neuerungen. Von dem ausgetüftelten Kanalsystem, das Leonardo für die landwirtschaftliche Nutzung hatte anlegen lassen, profitieren die Bauern in der lombardischen Ebene noch heute.

sten Kunstwerke des Abendlandes, das *** *Abendmahl* von Leonardo da Vinci, gehört. Die Kirche, die kaum Platz zu haben scheint an dem vielbefahrenen Corso Magenta, wurde 1466 von Guiniforte Solari, einem der bedeutendsten Baumeister der damaligen Zeit, gotisch begonnen und von Bramante in den Bauformen der Renaissance 1492 vollendet. Ludovico il Moro, der Auftraggeber, wollte Santa Maria delle Grazie als Grablege für sein Geschlecht, daher ließ er die besten Künstler der damaligen Zeit hier arbeiten. Es ist eigentlich ein Wunder, daß die Kirche noch steht, denn 1943 fiel eine Zweizentnerbombe ins benachbarte Kloster und zerstörte es bis auf die Grundfesten. Allein die Wand mit Leonardos *Abendmahl,* die durch Sandsäcke geschützt war, hielt in dieser Bombennacht stand. Zwei Jahre, von 1495–1497, hatte der Künstler an dem Wandfresko gearbeitet, das nach einer umfangreichen Restauration zu Beginn der 90er Jahre in neuem Glanz erstrahlt.

Wer sich für die Techniken und das enzyklopädische Wissen Leonardo da Vincis interessiert, sollte dem *Museo Nazionale della Scienza e della Tecnica* einen Besuch abstatten, das seine Modelle und Entwürfe vorstellt.

Gleich in der Nähe liegt die aus dem 4. Jh. stammende ** **Basilica Sant'Ambrogio ⓬**, die in den Augen vieler Mailänder das eigentliche Zentrum ihrer Stadt bildet. Die schlichte, klare Formensprache der Kirche verleiht dem Komplex denn auch etwas von ehrfurchtsvoller Weihe. Ältester Bauteil der Kirche ist der rechte, etwas massig wirkende Campanile (9. Jh.). Eine feierliche Vorhalle mit Arkadengang führt in den schummrigen Innenraum, wo schon von weitem das berühmte Wunderwerk der Goldschmiedekunst leuchtet: ein Altaraufsatz aus dem 9. Jh., mit Reliefs, Edelsteinen und byzantinischer

*Musikdarbietung am Castello Sforzesco*

*Santa Maria delle Grazie: „Abendmahl" von Leonardo da Vinci*

*Langobardisches Kapitell in der Kirche Sant'Ambrogio*

Seite 29

Emaille gestaltet. Hier wurden die lombardischen Könige mit der berühmten *Eisernen Krone* gekrönt. Eine der ältesten Kirchen Italiens, *San Vittore in Ciel d'Oro* (4. Jh.), ist der Basilika eingegliedert (Zugang über eine Seitenkapelle). Durch die *Via San Pio V* und über die *Piazza Resistenza Partigiana* erreicht man schließlich den *Corso di Porta Ticinese*, an dem sich zahlreiche kleine Läden mit ausgefallenem Schmuck und Avantgardekleidung niedergelassen haben. 16 römische Säulen, Reste eines Tempels, kündigen die Basilica ** **San Lorenzo Maggiore** ⓭ an, in der neben der Taufkapelle auch Fresken und Fragmente von Wandmosaiken aus dem 4. Jh. erhalten sind.

Seite 29

* **Sant'Eustorgio** ⓮ ist ebenfalls eine Gründung des 4. Jhs. Der heutige lombardische Bau stammt aber von 1252, als der Mailänder Adel die Kirche als Grablege auserkoren hatte. Der *Corso di Porta Ticinese* führt zu den Mailänder Docklands, den *naviglie*, die besonders nachts mit ihren Restaurants, Cafés, Bars und Klubs zu ungeahntem Leben erwachen.

## Praktische Hinweise

ℹ APT, Via Marconi 1, ☎ 02/725242, Fax 72524250. Informationsbüros auch am Bahnhof und am Flughafen.
✈ F. Forlanini-Linate (10 km), Malpensa (46 km); Buszubringer zur Stazione Centrale.

*Verkehrsmittel:* Wichtigstes öffentliches Verkehrsmittel ist die *Metropolitana*. Will man die Stadt sehen, sollte man den Bus oder die Straßenbahn nehmen, keinesfalls das Auto, da das Zentrum weitgehend für den privaten Verkehr gesperrt ist.

### Hotels

**Principe di Savoia,** Piazza della Repubblica, ☎ 02/6230, Fax 6595838. Traditionelles Grandhotel. $$$
**Four Seasons,** Via Gesù 8, ☎ 02/77088, Fax 77085000. Diskrete Eleganz in einem Kloster aus dem 15. Jh. $$$
**Manzoni,** Via Santo Spirito 20, ☎ 02/76005700, Fax 784212. Gemütliches Hotel mit eigener Garage. $$
**Antica Locanda Solferino,** Via Castelfidardo 2, ☎ 02/29005205, Fax 29005231. Kleines, im Brera-Viertel gelegenes Hotel mit viel Charme. $$
**Gran Duca di York,** Via Moneta 1a, ☎ 02/874863, Fax 8690344. Früheres Gästehaus der Biblioteca Ambrosiana mit viel Stil und Atmosphäre. $$
**Zurigo,** Corso Italia 11, ☎ 02/72022260, Fax 72000013. Einfaches Hotel in Domnähe. $

### Restaurants

**Don Lisander,** Via Manzoni 12 a, ☎ 02/76020130. Eine der beliebtesten Feinschmeckeradressen in der Innenstadt. Unbedingt das Sorbet von grünen Äpfeln probieren. $$$
**Al Matarel,** Via Solera Mantegezza 2, ☎ 02/654204. Typische Mailänder Spitzenküche. Tip: *cassoeula*, Mailands Nationalgericht versuchen. $$$
**Al Pont de Ferr,** Ripa Porta Ticinese 55, ☎ 02/89406277. Feinste Küche bietet diese sympathische Trattoria. $$

*Einkaufen:* Zentrum der käuflichen Eitelkeiten ist das *Goldene Dreieck* mit der berühmten Einkaufsmeile **Via Montenapoleone.** Hier findet man Luxus pur: Hochkarätige Juweliere und Antiquitäten, Möbel, Glas, elegantes Schreibzeug und immer wieder die neueste Mode der Mailänder Top-Couturies wie Missoni, Krizia, Armani oder Mila Schön.

Gemüse, Schuhe, Haushaltswaren, Kleider oder Honig bietet der Dienstags- und Samstagsmarkt in der **Viale Papignano.**

*Am Abend:* **Scimmie,** Via Ascanio Sforza 49, ☎ 02/89402874. Jazz- und Rockkonzerte live; ein Dauerbrenner der Szene.
**Capolinea,** Via Ludovico il Moro 119. Jeder große Jazzmusiker muß einmal auch in Mailands bestem Klub spielen.

# **Turin

Seite 37

## Stadt unter Arkaden

Die Urteile über Turin (Torino) fallen nicht immer lobend aus. „Eine schöne Stadt, gerade, quadratisch, langweilig", befand Gustave Flaubert Mitte des 19. Jhs. Und Herman Melville setzte noch hinzu: „Die Häuser sind alle von der gleichen Architektur, der gleichen Farbe, der gleichen Höhe." Wer heute nach Turin kommt, wird immer noch eine Stadt vorfinden, deren Charakteristik ein homogenes Häusergefüge ist. Man mag das auf den ersten Blick langweilig finden, doch wenn man die Sinne schärft, dann entwickelt dieser urbane Gleichklang eine Rhythmik von ganz eigener Intensität. „Ein wahrer Glücksfall für mich, dies Turin. Nein, was für ernste Plätze, die schönsten Cafés, die ich je sah", schwärmte Nietzsche. Vielleicht dauert es ja auch nur seine Zeit, bis sich der ganze Zauber dieser Stadt, über den sie zweifelsohne verfügt, dem Blick des Betrachters entfaltet. Planung und Poesie – sonst unvereinbar – gehen in Turin eine spannende Mischung ein.

*Der Palazzo Madama in Turin vereinigt mehrere Jahrhunderte Baugeschichte*

## Geschichte

*Taurasia* nannten die Kelten ihre Siedlung am Zusammenfluß von Po und Dora Riparia. Die Römer bauten die Siedlung zum *Castrum* aus und legten ein rechtwinkliges Straßennetz an, das sich im wesentlichen bis heute erhalten hat. Nach dem Untergang des Römischen Reiches begann für die Stadt eine wechselvolle Geschichte: Zunächst

*Typische Bar in der Via Po*

Seite 37

wurde Turin dem Gotenreich eingegliedert, dann proklamierte es sich als langobardisches Herzogtum, später als fränkische Grafschaft und selbständige Bischofsstadt, und schließlich wurde es freie Kommune. Die politischen Wirren hatten die Stadt wirtschaftlich stark angegriffen und verhinderten einen konsequenten Ausbau. Erst unter der Herrschaft der Savoyer, als Turin Hauptstadt eines Herzogtums war, erlebte es eine kulturelle und wirtschaftliche Blüte. Aus einem vom Krieg ruinierten Landstädtchen wurde binnen kurzem eine herrschaftliche Residenz, die den Machtanspruch der französischen Savoyer auf die italienische Seite der Westalpen ebenso demonstrieren sollte wie deren Reichtum und Würde.

Carlo Emanuele I berief zu Beginn des 17. Jhs. die besten Architekten der Zeit und gab eine neue Stadt in Auftrag, der die mittelalterliche weichen mußte. Sein Nachfolger Carlo Emanuele II trieb den Ausbau der Residenz im Stil des Barock voran und ließ zahlreiche Lust- und Jagdschlösser gleich einem Kranz um die Stadt legen. Als das Herzogtum Savoyen nach dem Sieg über die Franzosen im Spanischen Erbfolgekrieg 1706 Königreich wurde, war Turin bereits mehr als eine angemessene Hauptstadt und nahm daher auch 1860 den Titel „Hauptstadt des Königreiches Italien“ an, zumal die Bemühungen um ein geeintes Italien von hier ausgegangen waren.

Heute hat Turin mit vielen anderen italienischen Städten eines gemein: es fühlt sich als Opfer der Geschichte. Die Residenz Turin war der Motor des *risorgimento,* in Turin feierte der Stummfilm seine ersten Erfolge, hier entstand die Nachkriegsliteratur, und die Mode hatte hier ihr Zentrum. Doch vom Glanz all dieser Entwicklungen ist nur wenig auf Turin gefallen, allein der Automobilkonzern Fiat ist heute in aller Munde. Der größte Industriekonzern Italiens hat jedoch in den 80er Jahren kulturelle Aktivitäten entwickelt, die Turin auch auf diesem Gebiet erneut zu einer gewissen Bedeutung verhalfen. Bleibt nur zu hoffen, daß dem Konzern auch in Zeiten wirtschaftlicher Krisen das kulturelle Schicksal der Stadt nicht gleichgültig wird.

## Im Raster der Stadtsystematik

Alle Wege in Turin führen zur **Piazza Castello.** Von hier, vom Schloß der Herrscher Savoyens, ging das Rastersystem einer idealen Stadt aus, in dem sich schnurgerade, rechtwinkelig angelegte Straßenzüge immer wieder zu größeren und kleineren, von Arkaden gesäumten Plätzen hin öffnen. Das Straßensystem der Achsen folgte zunächst militärischen und repräsentativen Zwecken, doch schließlich auch, im Sinne der Aufklärung, den Bedürfnissen von Wirtschaft, Verkehr und Verwaltung. „Turin ist der einzige Wohnort, den mir die Vernunft zuweist“, schrieb Nietzsche über die wohlgeordnete Stadt, in der sich der Musterstaat Savoyen nur allzugern spiegelte.

Den urbanen Takt gibt die Piazza Castello vor, in deren Mitte der ** **Palazzo Madama** ❶ thront. In seiner Baugeschichte sind mehrere Jahrhunderte vereint. Zunächst gab es ein römisches Stadttor: die *Porta Decumana.* Im 13. Jh. zur Festung erweitert, fügte man ihr im 14. und 15. Jh. weitere Anbauten hinzu. 1718 gestaltete das heiter-spätbarocke Genie Filippo Juvarra die monumentale Säulenfassade mit einer ausladenden Freitreppe. Im Innern hat Juvarra eines der schönsten Treppenhäuser Italiens gestaltet, das vor allem durch seine lichte Weite besticht und gleichsam den Auftakt zu den Paradesälen der ersten und zweiten königlichen Madama, Maria Christina von Frankreich und Jeanne Baptiste von Savoyen-Nemours, bildete. Heute ist im Palazzo das * *Städtische Museum für Alte Kunst* untergebracht, das gotischen und romanischen Skulpturenschmuck, Kostbarkeiten aus allen Epochen sowie eine Keramik- und Porzellankollektion zeigt, die zu den größten Europas zählt (◷ z. Zt. wegen Restaurierung geschl.). Bevor man sich die Kirche * **San Lorenzo** ❷ anschaut, die sich fast unauffällig in die gleichförmige Palastfolge einfügt, sollte man bei *Baratti* an der Piazza Castello einen Kaffee probieren und einen ersten Blick auf die elegante Kaffeehaustradition Turins werfen. 1676 wurde Guarini mit

❶ Palazzo Madama
❷ S. Lorenzo
❸ Palazzo Reale
❹ Palazzo Chiablese
❺ Porta Palatina
❻ S. Maria Consolatrice
❼ Museo Egizio
❽ Palazzo Carignano
❾ Mole Antonelliana
❿ Gran Madre di Dio
⓫ Automobilmuseum



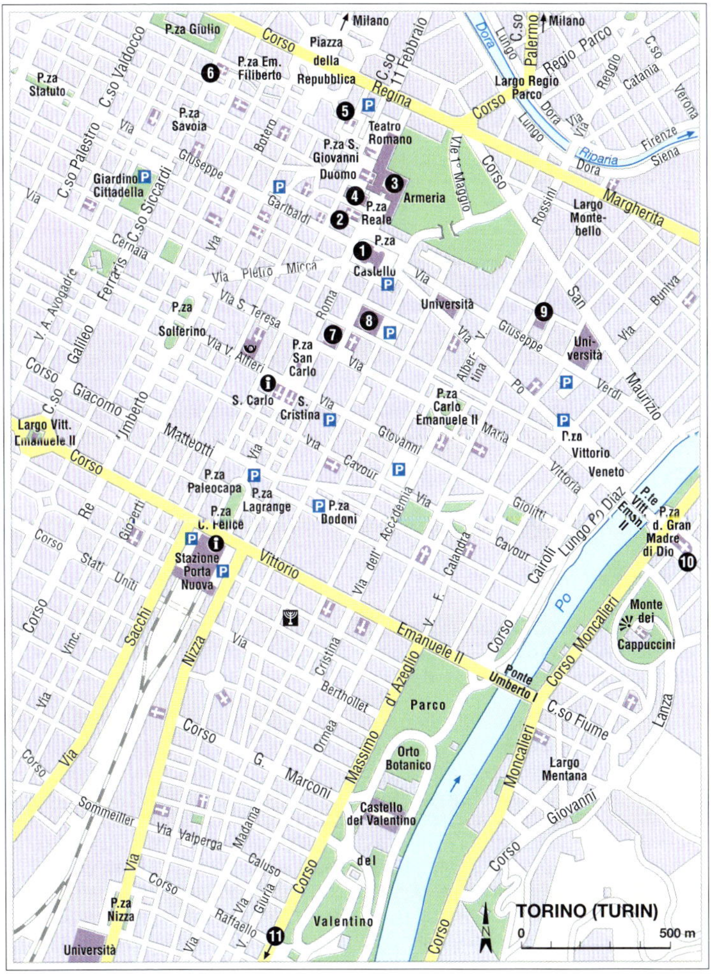

dem Bau einer Kirche an der Piazza Castello beauftragt. Der Maestro kunstvoll bewegter Räume schuf mit San Lorenzo eines seiner grandiosen sakralen Bauwerke, deren virtuose Durchdringung aller geometrischen Formen viel Nachahmung fand.

Seite 37

Castor und Pollux, die Söhne des Zeus, bewachen den Übergang von der Piazza Castello zur Piazza Reale, der optisch noch durch ein Ziergitter betont wird. Über den Ehrenhof gelangt man zum * **Palazzo Reale** ❸, einer kompakten, konventionellen Vierflügelanlage, die den Savoyern als Residenz diente, und weiter durch einen Hof in das Innere des Schlosses, das alle äußere Zurückhaltung mit einer unerwarteten Prunkentfaltung wieder wettmacht. Die Folge der vollständig erhaltenen Prachträume verrät noch etwas von dem überschwenglichen Lebensgenuß des Barock und Rokoko mit all seinem Gold, den Spiegelgalerien, Stukkaturen, Gemälden und feinsten Holzarbeiten. Im östlichen der beiden niedrigen Flügel des Ehrenhofes ist seit 1837 die * *Armeria*, die Waffensammlung der Savoyer, untergebracht, die zu einem bedeutenden Museum umgewandelt wurde. Üppige Deckenfresken und prachtvolle Stukkaturen wetteifern hier mit kunstvoll geschmiedeten Prunkwaffen und Schwertern des Mittelalters und der Renaissance.

Wer sich für die Geschichte des italienischen Films interessiert, kommt in dem kleinen Filmmuseum im *Palazzo Chiablese* ❹, der mit dem Palazzo Reale verbunden ist, auf seine Kosten. (🕓 Palazzo Reale: Di/Do 14.30–19.30, Mi–Sa 9–14 Uhr; Mo geschl.)

## Lingotto – Ikone des Industriezeitalters

Der Turiner Arbeiter, hieß es Ende des 19. Jhs., sei „intelligent, fleißig, seit langem an Ordnung und Disziplin gewöhnt." Das bewog Giovanni Agnelli, den Großvater des heutigen, gleichnamigen Konzernherrn, 1899 seine *Fabbrica Italiana Automobili Torino* in der Stadt am Po anzusiedeln. 1916–1922 wurde das Werk gebaut, der sogenannte *Lingotto* oder *Barren*, der weltweit als Prototyp einer Fabrik, als ein Symbol für die Ästhetik der Geschwindigkeit galt. „500 Meter Fassade, wo auf fünf Geschossen sich die Fenster multiplizieren, wie in einem Gitter, kaum zu zählen", begeisterte sich Le Corbusier über den Lingotto, der ihm „wie ein Kriegsschiff" erschien, mit „Brücken, Schornsteinen, Höfen, Landungsstegen, Überführungen". Die Protagonisten dieses „äußerst eindrucksvollen Spektakels" waren 30 000 Arbeiter, die tagtäglich in den Lingotto strömten, um Autos zu bauen. Von der Materialanlieferung bis zur Teststrecke auf dem Dach – der Lingotto vereinte alle Verwaltungs- und Produktionsabläufe wie auch die Qualitätskontrolle, in denen die Menschen lediglich als Teile dieses immensen industriellen Räderwerks angesehen wurden. Kein Wunder, daß der Lingotto eine Hochburg der Kommunistischen Partei in Italien war.

Doch auch die Gewerkschaften konnten nicht verhindern, daß die Fabrikanlage 1979 geschlossen wurde. Längst entsprach sie nicht mehr den technischen Anforderungen der neuen Zeit.

Nun ist der Architekt Renzo Piano mit der Aufgabe betraut worden, die Industrie-Ikone zu einem Kulturzentrum umzubauen. Ausstellungen, Kongresse und Konzerte sollen hier stattfinden, ein Teil des Lingotto wird die Universität nutzen, nur für die Teststrecke hat man noch keine passende Lösung gefunden. Doch wird es sich wohl überhaupt erst zeigen müssen, wie sich der Lingotto, oder das „Kriegsschiff", als das Le Corbusier ihn empfand, im urbanen Kontext Turins verankern läßt.

Einst lustwandelten die Schloßherren in einem geometrisch angelegten Barockgarten hinter dem Palazzo Reale. Leider sind nur noch wenige Überreste erhalten, so eine Brunnenfontäne, deren Wasser Nereiden und Tritonen umspielt. In die Palmenhäuser des Gartens ist das *Museum des Altertums* eingezogen, das Funde aus der Vorgeschichte bis zur Zeit der Völkerwanderung zeigt.

An der Rückseite des Königsschlosses wurde Ende des 15. Jhs. der Dom von Turin, die Kathedrale ***San Giovanni Battista,** errichtet. Der etwas unglücklich gewählte Standort des Doms erklärt sich aus den städtebaulichen Veränderungen späterer Jahrhunderte. Die Fassade ist mit ihrer klaren Formensprache gliedernder Pilaster ein typisches Beispiel italienischer Renaissancearchitektur – das einzige in Turin. 1668 fügte Guarini, ein Genie der Barockarchitektur, die ****Cappella della Santa Sindone** an, deren bizarre, pagodenähnliche Kuppelsilhouette die Kathedrale beherrscht. Die kompliziert verschränkte, elegant verschliffene und fast transparent wirkende Gewölbekonstruktion war für ganz Europa beispielgebend. Im gruftartigen, ganz mit schwarzem Marmor verkleideten Innenraum der Kapelle, in die nur ein fahles Licht durch den Wölbungsstern der Kuppel füllt, wird die berühmte Reliquie des Leichentuches Christi aufbewahrt, mit dem Christus vor der Grablegung bedeckt wurde. Physiker ermittelten jedoch, daß das Tuch frühestens 1260 gewebt worden sein kann. Guarino Guarini, der sowohl Theologe als auch Mathematiker war, schuf mit der Kapelle eines der bedeutendsten barocken Bauwerke, wenn nicht gar das geistreichste, das dem Tod seine jenseitige Erlösung spannungsreich gegenüberstellt. (🕓 Die Cappella ist wegen Restaurierung voraussichtlich bis 1998 geschlossen.)

Auftakt zu den Zeugnissen römischen Kulturerbes ist die imposante ***Porta Palatina** ❺, ein römisches Stadttor mit hohen Flankentürmen, der unter Augu-

Seite 37

*Piazza Castello mit der Kuppel von San Lorenzo*

*Kurze Rast in der Via Roma, einer berühmten Shoppingmeile*

*Prächtige Arkaden säumen die Piazza San Carlo*

stus errichteten Stadtmauer. Weiter erstreckt sich hier die *Archäologische Zone* Turins, in der auch die Ruinen eines Amphitheaters *(Teatro Romano)* aus dem 1. Jh. freigelegt wurden.

Seite 37

Wenn auch nichts Römisches, so doch viel alten Plunder, darunter aber so manche Kostbarkeit, findet man auf dem Flohmarkt *Balón,* der jeden Samstag seine Stände um die Porta Palazzo bei der Piazza della Repubblica ausbreitet. Wer fündig werden will, sollte sich jedoch schon früh aufmachen, bevor die Käufermassen herbeiströmen.

Folgt man der Via Giulio ein Stück Richtung Westen, gelangt man zu einem weiteren Kirchenbau Guarino Guarinis, der Basilika **Santa Maria Consolatrice** ❻, deren eher langweilige klassizistische Fassade zwei Kirchen miteinander vereint. Weithin sichtbar ist der wuchtige Campanile in lombardischem Stil, der noch aus dem Mittelalter erhalten ist. Im Innern erkennt man in der effektvollen Raumgestaltung die Handschrift Guarinis. Die Erweiterung der Kirche war nötig geworden, nachdem immer mehr Pilger aus aller Welt hierherkamen, um das Marienbild über dem Hauptaltar, das als wundertätig gilt, zu verehren.

Zum Abschluß des Rundganges sollte man bei *Bicerin* einkehren (Piazza Consolata 5), einem schönen Café, in dem sich die Atmosphäre des alten Turin bewahrt hat.

## Durch die Altstadt zum Po

Turins Hauptverkehrsader ist die **Via Roma,** die vom Bahnhof Porta Nuova über die Piazza Carlo Felice zur Piazza San Carlo und weiter zur Piazza Castello führt. Elegante Geschäfte säumen den langen Straßenzug aus der Gründerzeit, in dem auch im *fascismo* und zu dessen Ruhme einige übergewichtige Gebäudemassen in grauem, poliertem Granit errichtet wurden.

Über die *Piazza Carlo Felice,* einem von Palästen des 19. Jhs. gesäumten Platz, gelangt man zur * **Piazza San Carlo,** dem *salotto,* d. h. der guten Stube Turins. Wie es sich für einen Salon gehört, gibt er sich elegant mit umlaufenden Kolonnaden und einer einheitlichen ockerfarbenen Palastfront, in die zwei Kirchen mit einbezogen sind. Zahlreiche Cafés, darunter das *San Carlo,* das seit 1840 feinste Köstlichkeiten zum Kaffee oder Aperitif serviert, laden hier zum Verweilen ein.

Denn man sollte sich ausgeruht zum ** **Museo Egizio** ❼ aufmachen, das, nach Kairo, mit der größten Sammlung ägyptischer Altertümer in dem von Guarini errichteten *Palazzo dell'Academia delle Scienze* aufwartet. Mumien, Sarkophage, Skulpturen, Statuen sowie Arbeitsgerät und Schmuckstücke halten die Erinnerung an eine der bedeutendsten Weltkulturen lebendig. (🕓 Di–Fr 9–14 und 15–19 Uhr, Sa/So 9–14 Uhr; Mo geschl.) Ebenfalls im Palazzo delle Scienze liegt die * *Galleria Sabauda,* deren Sammlung Malerei und Plastiken von der Gotik bis ins 18. Jh. umfaßt. In welchem Reichtum die Turiner Adeligen schwelgten, zeigt die *Sammlung Gualino,* die Möbel, byzantinische Elfenbeinarbeiten, römische Plastiken sowie Goldpreziosen umfaßt. (🕓 Tgl. außer Mo 9–14 Uhr.)

Über die Via Maria Vittoria gelangt man zum * **Palazzo Carignano** ❽, einem roten Ziegelpalast, den Guarini zwischen 1679 und 1685 für den Fürsten Carignano schuf. Hinter der bewegten barocken Fassade wurden die Könige Carlo Alberto und Vittorio Emanuele II geboren; im Obergeschoß tagte 1860 das erste italienische Parlament. Heute dokumentiert hier das *Museo Nazionale del Risorgimento Italiano* die Einigungsbewegung Italiens. (🕓 Di–Sa 9–18, So 9–12 Uhr.)

Über die Piazza Carlo Emanuele II und die Via Rossini gelangt man zum

*Das Wahrzeichen Turins: die Mole Antonelliana*

Seite 37

Wahrzeichen Turins, der **Mole Antonelliana** ❾, die schon von weitem silbergrau schimmert. Während der zweiten Hälfte des 19. Jhs. vom Architekten Antonelli (daher der Name) zunächst als Synagoge begonnen, dann zu einem fast 170 m aufragenden Turm erweitert, gilt sie heute als Wahrzeichen der Stadt. Hier feiert der Historismus quasi ein Fest: Bogen, Dreiecks- und Segmentgiebel sowie Säulen mit den verschiedensten Kapitellen gehen hier eine furiose Mischung ein. Wer einen Blick über Turin und seine piemontesische Umgebung werfen möchte, fährt mit dem Aufzug zum Aussichtsumgang. Allein die Fahrt ist ein Erlebnis (🕓 Di–So 9–19 Uhr).

Die Via Po führt zur ***Piazza Vittorio Veneto** am Po, einer grandiosen Anlage, die 1825 bis 1830 mit Bogengängen angelegt wurde und den Blick auf den Po und die umgebenden Hügel des Monferrato lenkt. Am anderen Ufer beschließt der große Kuppelbau von **Gran Madre di Dio** ❿ das Stadtpanorama Turins. Die Kirche aus dem Jahre 1831 ist eine Kopie des römischen Pantheons und dient als Gedächtnisstätte für die Gefallenen des Ersten Weltkrieges.

Bergauf führt die Straße nun auf den ***Monte dei Cappuccini,** auf dem ein Kapuzinerkloster sowie die manieristisch angehauchte Kirche *Santa Maria al Monte* liegen. Am Ufer des Po lädt dann der *Parco del Valentino* zu Spaziergängen am Flußufer ein.

Hier bezog Maria Christina von Frankreich im ***Castello del Valentino,** einem prachtvollen Renaissanceschloß, ihren Wohnsitz. Zum Valentino-Park gehört auch der *Borgo Medioevale,* eine Kopie einer spätmittelalterlichen piemontesischen Kleinstadt, die 1884 am Ufer des Po angelegt wurde.

Wer auch der Automobilstadt Turin seine Reverenz erweisen will, kann weiter zum Corso Unità d'Italia gehen, wo das *Automobilmuseum „Carlo Biscaretti di Ruffia"* ⓫ mit seinen Oldtimern und sonstigen Raritäten aufwartet, die nicht nur die Herzen passionierter Autofahrer höher schlagen lassen. (🕓 Sommer 9.30–12.30 und 15 bis 19 Uhr; Winter 10–12.30 und 15 bis 17.30 Uhr; Mo/Di geschl.)

## Praktische Hinweise

ℹ APT, Corso Ferrucci 122/128, ☎ 011/3352440 oder 3859675. Informationsbüros auch am Bahnhof Porta Nuova, ☎ 011/531327, und in der Via Roma 226, ☎ 011/535901, FAX 530070.

✈ Città di Torino Caselle (18 km); Buszubringer zur Stazione Porta Nova.

Ⓗ **Villa Sassi,** Via Traforo del Pino, ☎ 011/8980556, FAX 8980095. Villa des 17. Jhs. mit schönem Park. Luxusklasse. $$$
**Turin Palace Hotel,** Via Sacchi 8, ☎ 011/5625511, FAX 5612187. Schönes Ambiente und hervorragender Service in der Nähe des Bahnhofs Porta Nuova. $$$
**Crimea,** Via Mentana 3, ☎ 011/6604700, FAX 6604912. Gutes Mittelklassehotel mit allem Komfort. $$
**Giotto,** Via Giotto 27, ☎ 011/6637172, FAX 6637173. Bequeme Lage und familiärer Service. $

Ⓡ **Tromlin,** Cavoretto, Via Parrocchia 7, ☎ 011/6613050. Den Koch hat die kulinarische Muse des Piemont geküßt. $$$
**Fortin,** Via Dam. Chiesa 8, ☎ 011/2731672. Typische Fischspezialitäten. $$$
**O Saraceno,** Corso XI Febbraio 6. Feinste Pizza in nettem Ambiente. $$
**L'Osto del borgh vej,** Via Torquato Tasso 7, ☎ 011/4364843. Nettes Ambiente, in dem man vorzüglich speisen kann. $$

*Abends:* **Hennessy,** Strada Traforo Pino 23, Pino Torinese, ☎ 011/6611288. Diskoklub in den Hügeln vor Turin, der besonders im Sommer beliebt ist, da man im Freien tanzt.

**Big Club,** Corso Brescia 28, ☏ 011/2485656. Frequentierteste Disko der Turiner im Zentrum.

*Einkaufen:* Elegante und luxuriöse Geschäfte findet man in der **Via Roma,** der **Via Po** und der **Via Garibaldi.** Bei **Stratta** (Piazza S. Carlo 191) wird man der süßen Gebäckverführung kaum widerstehen können.
Die beste Weinhandung findet man am Corso De Gaspari 2, **La Petite Cave;** sSeltene Weine und Barolo in der Via Cibrario 38 bei **Il Vinaio.**

Barocke Baukunst in Turin: der Palazzo Carignano

Seite 37

## Ausflüge

Für Ausflüge rund um Turin sollte man etwa einen halben Tag einplanen. Nächstgelegenes Ziel ist die **Basilica della Natività di Maria,** genannt **Superga,** die sich in den *Colline del Po* weithin sichtbar erhebt. Man kann sie mit einer Zahnradbahn vom Vorort *Sassi* aus erreichen oder aber mit dem Auto. Filippo Juvarra bekam 1717 den Auftrag für den repräsentativen Bau, der zum Zeichen des Sieges über die Franzosen so effektvoll, die Stadt krönend, in die Hügellandschaft gefügt wurde. Juvarra errichtete auch das * **Jagdschlößchen von Stupinigi,** eine von vielen Sommerresidenzen, die die Savoyer wie einen Kranz um die Stadt anlegen ließen. Die fürstliche Barockanlage ist ein kuppelbekrönter Zentralbau, der zu zwei langen Flügeln mit Kavaliershäusern ausläuft, wohl eine der schönsten Barockschöpfungen überhaupt, 1731 im Auftrag von Vittorio Amadeo II erbaut. Das Schloß wird restauriert und soll für Kulturveranstaltungen genutzt werden.

Blick über den Po auf die Kirche Gran Madre di Dio

In dem verschlafenen Städtchen **Rivoli** präsentiert sich jedoch die Kunstszene in alten Gemäuern hellwach. Im nicht ganz vollendeten Schloß der Stadt ist ein *Museum für zeitgenössische Kunst* eingerichtet, das in seiner klaren Schlichtheit zu den schönsten in Italien zählt (wechselnde Ausstellungen).

Weithin sichtbar: die Basilica del Superga in den Colline del Po

# Route 1

Seite 45

## Kultur- und Naturbellezza

***** Mailand – Monza – Cesano Maderno – Cantù – ** Como – Varese – * Castiglione Olona – * Castelseprio (100 km)**

**Die Route führt in das Hügel-, Berg- und Seengebiet im Norden der Lombardei, von dem Stendhal überschwenglich schwärmte: „Alles hier ist edel und ergreifend, alles spricht von Liebe." Die Naturlandschaften rund um das oberitalienische Seengebiet haben Generationen von Dichtern zu Elogen angeregt. Die hohen Kämme der Berge und grün bewaldeten Hügel, in die sich Villen mit subtropischen Parks einbetten, spiegeln sich selbstherrlich im Wasser der Seen und verheißen schon etwas von jenem Land, in dem die berühmten Zitronen blühen. In diese Meisterwerke der Natur mußte der Mensch nur die seinen einfügen – die frühromanischen Sakralbauten in der Brianza oder den prunkvollen Barockpalast der Borromeo-Arese in Cesano Maderno, den Dom in Como oder jenen in der ehemaligen Herzogstadt der Langobarden, in Monza nämlich. Zeitgenössische Kunst von Weltrang hingegen zeigt die Villa Panza in Varese.**

**Wer die Fahrt genießen möchte, sollte mindestens zwei Tage einplanen.**

### Von *** Mailand nach Monza

Auf der Fahrt von *Mailand* (s. S. 24) nach **Monza** wird man kaum merken, wo das eine Stadtgebiet aufhört und das andere beginnt. Es ist das Schicksal der Mailand umgebenden Industriestädte, immer mehr von der Metropole einverleibt zu werden. Man sieht Monza seine einstige Bedeutung heute kaum mehr an, ist es doch mit den Jahren zu einer ziemlich gesichtslosen Stadt verkommen. Doch sollte man sich nicht von den häßlichen Industrie- und Wohngebieten täuschen lassen: Den Stadtkern bilden noch immer die Piazza Roma und die Piazza Duomo, wie im 6. Jh., als hier die Langobarden residierten. Hinter der prachtvollen, grün-weiß inkrustierten ** *Marmorfassade* des *Doms San Giovanni Batista* (14. Jh.) wird die berühmte „Eiserne Krone" der Langobarden in einem Tabernakel aufbewahrt, mit der sich nicht nur Karl der Große und 1155 Friedrich Barbarossa, sondern auch Karl V. sowie Napoleon zu Königen von Italien krönen ließen. Die Krone, ein angeblich aus einem Nagel des Christuskreuzes geschmiedeter Reif, ist vergoldet und mit Edelsteinen verziert. Weitere Schätze der Langobarden zeigt das *Museo Serpero* im Dom, dessen Sammlung vor allem Pretiosen aus dem 5. bis 9. Jh. umfaßt.

Kommunales Zentrum Monzas war die *Piazza Roma*, an der Ende des 13. Jhs. der *Arengario*, der Palazzo del Comune, entstand, dem man die mächtige *Torre del Comune* zur Seite stellte. Heute ist hier das *Archäologische Museum* von Monza mit zahlreichen Funden aus der Vorgeschichte eingerichtet.

Auch die österreichischen Statthalter zog es in die Waldgebiete vor den Toren Mailands, und so ließ sich Erzherzog Ferdinand von Österreich 1777 bis 1780 von Giuseppe Piermarini außerhalb des Stadtzentrums die **Villa Reale** errichten, einen streng klassizistischen Bau, umgeben von weiten Gärten. Im Zuge der Erweiterung zu einem englischen Landschaftsgarten Anfang des 19. Jhs. entstand eine der großartigsten Parkanlagen Europas mit über 800 ha Grünfläche. 1922 wurde hier das *Autodrom*, eine 5750 m lange Formel-1-Piste, gebaut, auf der der Grand Prix von Monza ausgetragen wird. Man kann den Park aber nicht nur durchrasen, sondern auch mit dem Fahrrad erkunden (Verleih).

Der Weg von Monza nach Como führt durch die *Brianza,* deren Hügellandschaft gleich nördlich von Monza beginnt. Mailänder Adel und Patrizier ließen sich hier einst prachtvolle Paläste errichten. In **Cesano Maderno** ist noch die schöne *Villa Borromeo* erhalten, die 1618 der Conte Marco Maria Arese in Auftrag gegeben hat.

Die Industriestadt **Cantù** wirkt nicht gerade einladend, doch an ihrem Ortsrand, in Galliano, erhebt sich malerisch auf einem Hügel, umgeben von Pinien, die Kirche * **San Vincenzo,** eine dreischiffige Basilika aus dem 10. Jh. Überreste von kostbaren Fresken im Innern der Kirche zeugen davon, daß sie im 11. Jh. einmal ganz ausgemalt war, was wohl ihrer Rolle als eine der bedeutendsten Pfarrkirchen in der Brianza entsprach. Erhalten ist auch noch die frühromanische Taufkapelle aus der Zeit um 1007.

Von diesem idyllisch gelegenen Bauensemble aus führt die Route nun weiter durch eine stark zersiedelte Landschaft.

## ** Como

Nur dem See zeigt es sich von seiner schönen Seite. Im Hinterhof der Stadt (95 000 Einw.), 51 km, ragen große Industrieanlagen in den Himmel – Como produziert täglich 250 km Seide. Der „pura seta di Como" verdankte die Stadt zu Beginn des 18. Jhs. ihren wirtschaftlichen Aufschwung und ihren einstigen Reichtum. Dieser läßt sich noch heute an den prunkvollen Villen ablesen, die sich in die Hügellandschaft rund um den ** *Comer See* schmiegen. Doch die Geschichte der Stadt beginnt bereits lange, bevor die Römer den Lario entdeckten, wie reiches Fundmaterial belegt. Es war wohl die außerordentliche Lage inmitten der Berge und am See, die auch die Visconti und Sforza auf Como aufmerksam machte.

1396 begann man mit dem Bau des ** **Doms Santa Maria Maggiore,** eines grandiosen Spektakels aus Strebepfeilern, Fialen, Lünetten, Reliefs, Baupla-

*Die prachtvolle Marmorfassade des Doms zu Monza*

*Die Kirche San Vincenzo in Cantù birgt kostbare Fresken*

1

Seite 45

stik und ornamentalen Friesen, in dem sich der Übergang von der Gotik zur Frührenaissance vollzieht. Die Maestri comacini (s. S. 15) hatten die Grundidee des Domes vorgegeben, der erst 1744 mit der Errichtung der Vierungskuppel nach Plänen von Juvarra fertiggestellt wurde. Den Weg ins Innere des Domes weisen Comos berühmteste Söhne, Plinius der Ältere und Plinius der Jüngere, die beiden römischen Literaten und Naturkundler, die das Hauptportal flankieren. Im weiten, hohen Innenraum, in den nur spärlich Licht fällt, müssen sich die Augen erst einmal an das Halbdunkel gewöhnen, bevor sie die Kostbarkeiten erkennen können: Gobelins (16. und 17. Jh.) aus toskanischen und flandrischen Manufakturen schmücken das dreischiffige Langhaus; das linke Seitenschiff ziert die *Kreuzabnahme* (1498) von Tommaso Rodari, einem bedeutenden Künstler der Maestri comacini, der zusammen mit seinem Bruder Jacopo auch den Skulpturenschmuck der Seitenaltäre schuf. Die kostbaren Altarbilder stammen zum Teil von Bernardino Luini, einem Schüler Leonardo da Vincis, sowie von Gaudenzio Ferrari.

Der Dom von Como bildet zusammen mit dem **Broletto,** dem ehemaligen Rathaus mit seiner schwarzweiß gemusterten Fassade, und der **Torre del Comune** ein großartiges Platzensemble inmitten der *città murata,* der befestigten Altstadt.

Nur wenige Minuten vom lebhaften Treiben auf dem Domplatz entfernt liegt ganz verschwiegen die Kirche ***San Fedele,** eine romanische Basilika aus dem 12. Jh., die über dem glücksbringenden Grundriß eines Kleeblatts errichtet wurde. Am Nordportal der Basilika ist noch plastischer Schmuck aus dem Mittelalter erhalten, darunter dramatisch bewegte Figuren wie Daniel in der Löwengrube oder geflügelte Tiere, die der mittelalterlichen Lust am Schrecken entsprungen zu sein scheinen. Im Kircheninnern findet man Fresken aus dem 12. und 13. Jh., die in der Kunstgeschichte seltene Themen aufgreifen.

Wer sich für die ferne Vergangenheit Comos interessiert, kann nun zum nahe gelegenen *Museo Archeologico Artistico* im Palazzo Giovio gehen, dessen Sammlung auch Gemälde lombardischer Künstler des 16. bis 18. Jhs. umfaßt. Gleich nebenan ist im Palazzo Olginati das *Museo del Risorgimento „G. Garibaldi“* untergebracht, wo man alles Wissenswerte über die Rolle Comos während der Einigungsgeschichte Italiens erfährt. (🕓 Di–So 9.30–12 und 14–17 Uhr; Mo geschl.)

Vorbei an der Piazza Vittoria mit der wuchtigen *Torre di Porta Vittoria,* einst Teil der mittelalterlichen Wehrbefestigung der Stadt, führt der Rundgang zu einer kunsthistorischen Kostbarkeit, der etwas außerhalb des Zentrums gelegenen Kirche ****Sant'Abbondio,** die ihren Platz zwischen Bahnlinien und häßlichen Industriekomplexen behaupten muß. Sie tut dies mit jener scheinbar unerschütterlichen Ruhe, mit der sie auch die Jahrhunderte überdauert hat. Die Fassade der fünfschiffigen Basilika, 1095 geweiht, wirkt in ihrer Schlichtheit eher streng: Kein Schmuck lenkt den Blick ab von ihrer erhabenen Feierlichkeit. Im Innern erzählt ein gut erhaltener Freskenzyklus aus dem Jahre 1350 vom Leben Christi sowie den Taten der Apostel Petrus und Paulus. Der schöne Kreuzgang entstand erst in der Renaissance.

Einen wunderschönen Blick auf Como mit seinen Bergen im Hintergrund bietet der Platz vor der Ruine des *Castello Baradello,* das einst Barbarossa zur Sicherung Comos am Osthang des Monte della Croce errichten ließ. Grausame Berühmtheit erlangte die Festung unter Ottone Visconti, der seinen politischen Gegenspieler Napo Torriani in einem Gitterkäfig 19 Monate am Bergfried aufhängen ließ, bis dieser schließlich verhungert war.

Nicht weit vom Castello erhebt sich die erste Kathedrale Comos, *San Carpo-*

1

Seite 45

*foro*, die, Ende des 4. Jhs. an der Stelle eines Tempels zu Ehren Merkurs errichtet, in den folgenden Jahrhunderten aber erweitert und umgebaut wurde. Traditionellerweise ist die eigentliche Aussichtsterrasse Comos jedoch der kleine Ort *Brunate*, den man schnell mit der Zahnradbahn von der *Piazza Funicolare* aus erreicht. Hier eröffnet sich ein grandioses Panorama, das die ganze Schönheit dieser Gegend vor Augen führt.

Die Pracht Comos spiegelt sich aber vor allem an der westlichen Uferpromenade im Wasser des Lario: Wie auf eine Perlenkette aufgefädelt, reihen sich hier klassizistische Villen aneinander, darunter die berühmte ***Villa dell'Olmo,** benannt nach einer Ulme, die Plinius der Jüngere gepflanzt haben soll. In dem schönen Park dieser Villa vermag man sich das herrschaftliche Leben vorzustellen, bei dem einst Napoleon seine spätere Angetraute Joséphine traf.

ℹ APT, Piazza Cavour 17, ☎ 031/274064, FAX 301051, und am Bahnhof.

Ⓗ **Grand Hotel Villa d'Este,** Cernobbio, ☎ 031/3481, FAX 348844. Eine der besten Hoteladressen der Welt in einer königlichen Villa aus dem 16. Jh. $$$

**Villa Flori,** Via Cernobbio 12, ☎ 031/573105, FAX 570379. Schöne Villa mit Blick auf See, Berge und die Stadt. $$$

**Tre Re,** Piazza Boldoni 20, ☎ 031/265374, FAX 241349. Nettes kleines Albergo. Zentral gelegen. $$

**Firenze,** Piazza Volta 16, ☎ 031/300333, FAX 300101. Sauberes, zentral gelegenes Hotel. $$

Ⓡ **Ristorante Raimondi dell'Hotel Villa Flori,** Via Cernobbio 12, ☎ 031/573105. Sehr feines Restaurant in der Villa Flori.

*Das Dominnere ist berauschend in seiner Pracht*

*Italienisches Dolcefarniente*

*Die Villa dell'Olmo, um 1785 in klassizistischer Pracht errichtet*

1

Seite 45

Bandnudeln mit Hummerkrabben bereiten ein neues Pasta-Erlebnis! ($))
**Sant'Anna,** Via Turati 1/3, ☎ 031/505266. Nicht nur der Schwertfisch ist hier ein Genuß. ($))
**Tipica Trattoria,** Via Pannilani, ☎ 031/261080. Restaurant im Grünen, Spezialitäten aus dem Comer See. ($)

### Ausflüge von ** Como

Keinesfalls sollte man eine Schiffsfahrt zu den schönsten Orten am Comer See versäumen. Die Schiffe starten am *Lungolario Trento* und fahren auch nach ** *Bellagio,* der „Schönen am See", einer noblen Sommerfrische, die sich mit ihren Villen und Gärten auf einer Landzunge zwischen dem Lario und dem Lago di Lecco gelungen in Szene setzt. „In Bellagio leben und sterben" – das wünschte sich Flaubert.

Die Schönheit Bellagios muß man sich noch eine Weile vor Augen halten, denn die SS 342 von Como nach Varese ist eine vielbefahrene Verbindungsstrecke, an der sich große, ziemlich häßliche Einkaufszentren aneinanderreihen.

So ist es ein Glück, wenn andererseits ein alter Graf seine Villa amerikanischen Künstlern zur Verfügung stellt, die darin Raumkunst auf der Höhe der Zeit präsentieren. In den 70er Jahren verwandelten Richard Serra, Sol LeWitt, Donald Judd und Robert Irwin aus Übersee auf Einladung des Grafen Panza di Biumo die **Villa Panza** in ein einzigartiges Kunstpalais, das man nur mit Vorankündigung in Varese (☎ 02/5390541) besichtigen kann.

**Varese** (95 000 Einw.), 79 km, ist eine hektische, historisch bedeutungslose Provinzstadt, die in den letzten Jahren sehr schnell gewachsen ist. Allein ein paar Mailänder Adelige konnte die von sieben Hügeln umgebene Stadt im 19. Jh. dazu verführen, hier prachtvolle Villen zu errichten.

Historisches Zentrum der Stadt ist die Basilika *San Vittore* (1580–1615 nach Plänen Pellegrino Tibaldis errichtet), deren barocker Campanile mit seinen 77 m weit in den Stadthimmel ragt. Das * *Baptisterium* gleich hinter der Kirche geht auf das 12. Jh. zurück und bewahrt Freskenfragmente einer thronenden Madonna sowie eines heiliggesprochenen Bischofs (13. Jh.).

Die Gegend um San Vittore mit ihren Laubengängen zeigt eines der schönsten Gesichter Vareses. Ihre häßlichste Fratze zieht die Stadt an der *Piazza Monte Grappa,* an der sich der Faschismus architektonisch austoben konnte. Österreich in Varese bietet der *Palazzo Estense* in der Via Sacco, der samt Park nach dem Vorbild von Schloß Schönbrunn 1766 errichtet wurde.

ℹ APT, Viale Ippodromo 9, ☎ 0332/284624, FAX 238093.

Ⓡ **Ristorante Lago Maggiore,** Via Carobbio 19, ☎ 0332/ 231183. Feinste italienische Küche im besten Haus am Platze. ($))

Über die Hauptstraße Varese–Saronno erreicht man nach wenigen Kilometern * **Castiglione Olona,** ein kleines Industriestädtchen im Tal der Olona. Zu Beginn des 15. Jhs. ließ Kardinal Branda Castiglione hier eine kleine Renaissancestadt entstehen, die sich ganz am Vorbild Florenz orientierte. Die einst prachtvolle Anlage, heute ein verfallenes Bergdorf hoch über der Olona, lohnt unbedingt einen Besuch.

Der Kardinal hatte für sein großangelegtes Projekt den Florentiner Künstler Masolino da Panicale, den Lehrer von Masaccio, gewinnen können, von dem noch Fresken in der Kirche * *Collegiata (S. Maria)* erhalten sind sowie * Wandmalereien im *Baptisterium.*

Wenn man der Varesina weiter in Richtung Saronno folgt, bei *Tradate* abbiegt und in Richtung *Torba* fährt, gelangt man nach * **Castelseprio** (100 km), einem sagenumwobenen Ort auf einem Hügel über dem Olonatal. Man erzählt sich, daß ein Mönch hier im 14. Jh. ein geheimnisvolles Grab unter einem

1

Seite 45

mächtigen, vom Wind entwurzelten Baum gefunden habe, in dem ein Skelett das Schwert Tristans in der einen und ein Schriftstück in der anderen Hand gehalten haben soll.

Idylle am Lago di Varese

Auch wenn man das Skelett nie gefunden hat, so legte man im Ruinenfeld von Castelseprio im Osten Reste von Mauern und die Gräben einer Burg frei, einige Wehrtürme sowie ein Baptisterium der Frühromanik (11. Jh.).

Castelseprio war einmal der Hauptort einer langobardischen Provinz, die vom Lago Maggiore bis nach Mailand reichte.

Mit dem Dampfer über den Lago di Como

Eine besondere Kostbarkeit verbirgt sich hinter einem kleinen Wald: die aus dem 7. Jh. stammende Kirche **Santa Maria foris portas** mit einem Freskenzyklus, der wahrscheinlich von einem byzantinischen Wandermönch (7. oder 9. Jh.) stammt.

## Die heiligen Berge

Der Weg führt immer hinauf, dem Himmel entgegen, gesäumt von Wegkapellen, deren Fresken und große Terrakottafiguren die Mysterien des Glaubens und Szenen aus dem Leben Christi darstellen. Der Aufstieg auf den heiligen Berg ist immer auch als eine ideelle Pilgerschaft hin zur Erlösung verstanden worden, und die Darstellung religiöser Mysterien sollte dabei zusätzlich die Andacht der Gläubigen steigern.

Die Stationen, die den Weg hinauf zum *Sacro Monte*, dem heiligen Berg, weisen, symbolisieren die drei verschiedenen Motive des Rosenkranzes (den „Glorreichen", den „Freudenreichen" sowie den „Schmerzensreichen") zu Ehren Mariens, deren Gnadenbild sozusagen als 15. Station auf dem Gipfel des Berges den Pilger erwartet. Dieser, insbesondere im Piemont und der Lombardei weitverbreitete Brauch, heilige Berge anzulegen, fand vor allem während der Gegenreformation großen Anklang. In Gegenden, in denen die protestantische Kirche ihren Einfluß ausüben konnte, schuf man diese Wallfahrtsorte als Bollwerke katholischen Glaubens. Die z. T. lebensgroßen Terrakottafiguren und die besonders suggestiven Fresken waren dabei ein direkter Affront gegen die von den Reformatoren abgelehnte Marienverehrung.

Der *Sacro Monte von Varese* liegt im Norden der Stadt, an den bewaldeten Hängen des *Monte Campo dei Fiori*. Von der *Prima Cappella* bis zur Kirche *Santa Maria del Monte* begleiten 14 Kapellen den Weg dem Himmel entgegen, der neben Einsichten in den Marienkult schöne Aussichten in die umliegende Landschaft bietet.

# Route 2



Seite 50

## Eine lombardische Kunstreise

***** Mailand – ** Bergamo – * Brescia (– ** Gardasee) – ** Mantua – Curtatone (– ** Sabbioneta) – * Cremona (190 km)**

**Die Route führt zu den bedeutendsten Kunststädten der Lombardei und zu den Landschaften der Poebene. Das Klima hier ist mild, das Pflanzenkleid mediterran – Zeugnisse dafür, daß sich die Menschen solcher Schönheiten bewußt wurden, sind vornehme Städte wie Bergamo und Brescia. Fährt man dann weiter nach Süden, erreicht man in der Ebene Mantua, die Stadt der Gonzaga, die noch heute als eine Insel der Künste aus den endlosen Feldern der Poebene herausragt, verträumt und verzaubert von der eigenen Vergangenheit. Daß Mantua in der Renaissance Treffpunkt der Künstler war, belegt vor allem auch Sabbioneta, eine Muster-Renaissancestadt, die Fürst Vespasiano Gonzaga anlegen ließ. Durch eine melancholisch verträumte Landschaft mit schnurgeraden Pappelalleen, in der sich der Horizont fast grünlich ins Unendliche zu erstrecken scheint, führt die Strecke weiter nach Cremona, der Stadt Monteverdis und der Geigenbauer. Wer Zeit mitbringt, sollte sich die Route in drei Tagen vornehmen – die Kunststätten sind es wert.**

Kilometerfressen heißt es zu Beginn dieser Route, denn die Strecke von *** *Mailand* (s. S. 24) nach Bergamo bietet nichts, was eine Fahrt auf der Landstraße lohnen würde. Man nimmt für die knapp 50 km am besten die Autobahn.

### ** Bergamo

Die Stadt (121 000 Einw.) hatte das Glück – obwohl von bezaubernder Schönheit –, bislang außerhalb des touristischen Rummels zu liegen. Auch deshalb hat sich die hochgelegene, von einem noch vollständig erhaltenen Mauerring umgebene Altstadt ihre faszinierende mittelalterliche Urbanität bewahren können. Zu ihren Füßen liegt das moderne Bergamo, eine hektische Stadt, die nicht gerade einladend wirkt. Hier gibt es nur eine Adresse, die unbedingt aufzusuchen ist: die ** *Accademia Carrara* (Piazza Carrara 81 a), eine gegen Ende des 18. Jhs. begonnene Sammlung von Meisterwerken der italienischen Kunst, darunter vor allem venezianische Malerei (Bellini, Lorenzo Lotto, Tizian, Tintoretto, Guardi).

2
Seite 50

„Die verehrungswürdige Unbekannte“, wie Le Corbusier Bergamo genannt hat, entfaltet ihre Schönheit zunächst auf der ** **Piazza Vecchia,** deren prachtvolle Fassaden die lange Zugehörigkeit Bergamos zum Herrschaftsgebiet Venedigs spiegeln. Als Teil der Inselrepublik (1428–1797) erlebte Bergamo sowohl eine kulturelle als auch eine wirtschaftliche Blütezeit, die sich in zahlreichen Repräsentationsbauten äußerte.

Besondere Beachtung kam natürlich dem kommunalen Zentrum, der Piazza Vecchia, zu, die der venezianisch inspirierte * *Palazzo della Ragione*, die *Torre del Comune*, die bis heute mit 180 Glockenschlägen um 22 Uhr zur Nachtruhe ruft, und die *Biblioteca Civica*, ein ebenmäßiger klassizistischer Bau des 17. Jhs., abschließen. In der Mitte der

*Palazzo della Ragione*

2

Seite 50

Piazza, die sich bis heute als Ort des Plausches und des italienischen Corso bewährt, sprudelt unablässig ein Brunnen, stolz von acht Löwen umgeben.

Über die Piazza Vecchia gelangt man zum geistlichen Zentrum Bergamos, der kleinen **Piazza Duomo,** auf der sich mit großartiger Gebärde der *Dom San Vincenzo* mit seiner neoklassizistischen Mamorfassade erhebt. Auch das Innere ist sehr reich ausgestattet, jedoch mit wenigen Kunstwerken von Rang. Nennenswert ist allein das *Martyrium des Bischofs San Giovanni* von Tiepolo.

Zurückhaltender, doch unvergleichlich schöner präsentiert sich die Basilika ****Santa Maria Maggiore,** im 12. Jh. an der Stelle einer schon 774 erwähnten Kirche errichtet. Ihr mächtiger Baukorpus wird von einer auffallend hohen Kuppel bekrönt. Mehrere Anbauten erschweren es, sich von der Piazza aus einen Gesamteindruck dieses Bauwerks zu verschaffen, den man allerdings in seiner bestechenden Schönheit von der *Torre del Comune* aus gewinnt.

Der Kern der Basilica ist romanisch; er stammt aus dem Jahr 1137 – wie auch die Löwen, die schwer an den Säulen der Vorhalle tragen. Im Innern der Kirche ist besonders das Chorgestühl beachtenswert, dessen feine Linienführung und Farbharmonie selten in der „Holzmalerei" zu finden sind.

Einer der Anbauten der Basilika, die ****Cappella Colleoni,** drängt sich schon allein durch ihre reich geschmückte Marmorfassade ins Blickfeld. Die Venezianer hatten Bartolomeo Colleoni, den großen Condottiere im Dienst von Mailand, Neapel und der *Serenissima*, finanziell unterstützt, damit er sich in der Stadt seiner Väter eine Grabkapelle errichten lassen konnte, die all seinen Ruhm in Fresken, Stuck und Mamor auf ewig in Szene setzen sollte. Seinem Wunsch nach einem Reiterstandbild auf der Piazza San Marco kamen sie hingegen nicht nach – sie erachteten eher den bescheideneren Platz bei SS. Giovanni e Paolo als angemessen.

Mit dem Bau der Cappella wurde Giovanni Antonio Amadeo beauftragt – er hatte sich in der damaligen Zeit mit der Fassadengestaltung der Certosa di Pavia (s. S. 63) bereits einen Namen gemacht. Auch an der Innengestaltung beteiligten sich bedeutende Künstler, darunter Tiepolo, der die Kuppel mit Fresken zur Geschichte Johannes' des Täufers ausmalte. I-Tüpfelchen des großartigen Bauensembles auf der Piazza Duomo ist das kleine * *Baptisterium* in Form eines Marmoroktogons.

Musikfreunde sollten einen Abstecher zum *Museo Donizetti* (Via Arena 9) machen, wo u. a. das Klavier des Komponisten zu sehen ist, auf dem er 1822 bis 1844 seine Opern komponierte.

Krönender Abschluß einer Bergamo-Visite ist ein Aufstieg zur **Rocca,** einer auf einem Felsplateau gelegenen Burg aus dem 14. Jh., die man in wenigen Gehminuten von der Piazza Vecchia erreicht. Von hier hat man einen herrlichen Blick auf die Stadt und das Bergamasker Umland.

Und schließlich noch ein süßer Ausklang: *Polenta e usei*, eine Bergamasker Zuckerspezialität mit kleinen Schokoladenvögeln, am besten aus der *Panetteria Tre Soldi* in der Via Colleoni.

ⓘ APT, Viale Papa Giovanni 23,
☎ 035/242226, FAX 242994, sowie
Informationsbüro in der Oberstadt,
Piazza Vecchia, ☎ 035/232730, und
am Bahnhof.

Ⓗ **Agnello d'Oro,** Via Gombito 22,
☎ 035/249883, FAX 235612. Kleines
Hotel in der Altstadt, familiäre
Atmosphäre. Gutes Restaurant. ($)
**Sole,** Via Colleoni 1, ☎ 035/218238,
FAX 240011. Von außen museal, von
innen funktional. Hotel inmitten der
*città alta*. ($)

Ⓡ **Il Gourmet,** V. S. Vigilio 1,
☎ 035/4373004. Feinstes Speisen
mit Blick über Bergamo. ($$)
**La Cantina,**Via Ghislanzoni 3,
☎ 053/237146. Originelles Kellerlokal
mit Spezialitäten der Gegend. ($)

**Antica Trattoria della Colombina,** Via Borgo Canale 12, ☏ 053/261402. Schnecken mit Spinat im Jugendstilambiente. Ⓢ

## Ausflug von Bergamo

Wer Italien en miniature sehen möchte, fährt nach *Capriate San Gervasio*, direkt an der Autobahn nach Mailand gelegen, wo in einem großzügig angelegten Park die ganze *bellezza* von Sizilien bis zur Lombardei in Miniatur nachgebaut ist. Auch Kinder werden hier ihren Spaß haben: Um den Stiefel einmal zu durchmessen, braucht man nur 30 Minuten.

Man kann von Bergamo aus auf der Autobahn nach Brescia fahren oder aber über die Nationalstraße 12, mit Abstecher zum ***Lago d'Iseo,** der verträumt und scheinbar vergessen zwischen dem Camonicatal und den Franciacorta Weinbergen liegt. Vergil kam oft hierher, um angesichts der frühen Morgennebel über dem Wasser das Wesen der Welt zu ergründen. Um den See führt eine reizvolle Uferstraße, für die man allerdings schwindelfrei sein sollte, da sie streckenweise über steile Felsküsten führt.

## *Brescia

Auf den ersten, voreiligen Blick eine häßliche Industriestadt, wird Brescia (200 000 Einw.), 104 km, wohl oft verkannt. Doch dem, der sich die Mühe macht, die Stadt näher zu betrachten, bietet sich ein historischer Stadtkern ungeahnter Schönheit und Pracht. Unter dem Einfluß der unterschiedlichsten mittelalterlichen Herrscherfamilien und schließlich Venedigs entwickelte sich die einst unter den Römern blühende Stadt erneut zu einem kulturellen Zentrum der Region.

Heute ist Brescia nach Mailand das bedeutendste Industrie- und Handelszentrum der Lombardei.

Vorhalle der romanischen Basilica Santa Maria Maggiore

Deckengemälde in der Cappella Colleoni

Lago d'Iseo

2

Seite 51

2

Seite 51

Ein Spaziergang in den römischen Teil Brescias wird einen Eindruck von dem ausgedehnten Machtbereich *brixias* am Fuße der Alpentäler geben, der sich auch in der Pracht der Bauten spiegelte. Die *Via dei Musei* macht ihrem Namen alle Ehre: Das **Forum** mit den antiken Bogenreihen sowie den * **Kapitolstempel** ließ Kaiser Vespasian 73. n. Chr. als Dank für die Treue der Brescianer errichten. Heute ist hier das * *Civico Museo Romano* eingerichtet, das bedeutende Funde aus der Römerzeit zeigt. Auch die gesamte Bühne des **Römischen Theaters** gleich neben dem Tempel wurde freigelegt.

Den größten Komplex in der *Via dei Musei 81* nimmt das Kloster * **Santa Giulia** mit dem *Stadtmuseum* ein, in dem 13 Abteilungen von der Bronzezeit bis heute alles Wissens- und Sehenswerte über die Geschichte und Geschicke der Stadt dokumentieren. In den drei Kreuzgängen und Kirchen des weitläufigen Klosters sind auch wertvolle Fresken der Renaissance erhalten. (🕓 Di–Sa 9–12.30 und 15–18 Uhr.)

Mittelalterliches Zentrum der Stadt war die grandiose ** **Piazza del Duomo,** auf der sich bis ins 15. Jh. die weltliche und geistliche Macht spiegelte. Beherrscht wird der Platz von dem spannungsvollen Wechselspiel zwischen der romanischen ** **Rotonda** (11. Jh.), dem alten Dom mit seiner strengen, schlichten Fassade, die allein von Bogenfenstern gegliedert wird, und der erhabenen spätbarocken Fassade des neuen Doms, deren weißer Marmor einen hellen Schimmer über die Piazza zu legen scheint. Mit der ehrgeizig großen Kuppel des Doms – nur die des Petersdoms und des Doms in Florenz ist größer – wetteifert die *Torre del Comune,* die sich neben dem * **Palazzo del Broletto** erhebt, um die höchste Position. Hinter der Apsis des neuen Doms hat die Stadtbibliothek ihren Sitz. Der Bestand der * **Biblioteca Queriniana** umfaßt mehr als 300 000 kostbare Inkunabeln und Handschriften, u. a. von Dante und Petrarca.

Neben dem mittelalterlichen Zentrum am Domplatz hat Brescia auch ein Renaissanceherz: die ** **Piazza della Loggia,** die die lange Zugehörigkeit der Stadt zum venezianischen Machtbereich bezeugt. Andrea Palladio sowie Jacopo Sansovino haben am Bau des *Palazzo della Loggia* mitgewirkt, der den Platz heute dominiert. Ihm gegenüber weist der *Uhrturm* eine prachtvolle Sonnenuhr aus dem 16. Jh. auf. Den Süden des Platzes begrenzen das *Alte* und das *Neue Pfarrhaus.*

Über die Piazza Vittoria, den Corso Zanardelli sowie den Corso Magenta und die Via Francesco Crispi erreicht man die * **Pinacoteca Tosio-Martinengo** (Via Martinengo da Barco 1), deren Sammlung – untergebracht in einem alten Palazzo – u. a. Werke von Raffael, Tintoretto, Veronese und Tiepolo umfaßt, aber auch Gemälde der Brescianer Malschule des 15./16. Jhs. (🕓 Di–Fr 9–12.30, 15–17.30, Sa 9–12.30, 15–19, So 10–12.30, 15–19 Uhr.)

Um sich einen Überblick über das Stadtbild Brescias zu machen, empfiehlt sich nun ein Aufstieg über die *Via del Castello* zur Visconti-Festung. Das **Castello,** umgeben von einem verwunschenen Park, wurde ab dem 12. Jh. angelegt und zeugt mit seinen dicken Wehrmauern, Türmen und Lagern von den kriegerischen Zeiten, die Brescia durchlebte. Mit welchen Waffen man sich im Mittelalter bekämpfte, zeigt das hier eingerichtete *Museo delle Armi.* Den Freiheitskampf Italiens dokumentiert das *Museo del Risorgimento* (🕓 Tgl. außer Mo 10–12 und 15–18 Uhr). Von dem Cidneo-Hügel hat man einen weiten Blick über die Stadt.

ℹ APT, Corso Zanardelli 34,
☎ 030/43418, 📠 293284.

🏨 **Vittoria,** Via X Gionate 20,
☎ 030/280061, 📠 280065. Nobles Ambiente im Zentrum der Stadt. $$
**Alabarda,** Via Labirinto 6,
☎ 030/3541377, 📠 3541300. Nettes Familienhotel mit allem Komfort. $

Ⓡ **Piazzetta,** Frazione Sant'Eufemia, Via Indipendenza 87, ☎ 030/362668. Gourmetrestaurant, dessen hervorragende Küche man so schnell nicht vergißt. 💲💲💲
**La Sosta,** Via San Matino della Battaglia 20, ☎ 030/295603. Eleganter Stadtpalast mit edler Küche. 💲💲💲
**Osteria dell'Elfo,** Piazza del Vescovato 1 b, ☎ 030/3774858. Hausmacherkost vom Feinsten. 💲💲

Brescias Uhrturm mit einer Sonnenuhr aus dem 16. Jh.

2

Seite 51

## Ausflüge zum ** Gardasee

„Da, wo an der Abendseite das Gebirge aufhört steil zu sein, und die Landschaft flächer nach dem See fällt, liegen in einer Reihe, in einer Länge von ungefähr anderthalb Stunden, Gargnano, Boiacco, Cecina, Toscolano, Maderno, Verdom, Salò, alle auch meist wieder in die Länge gezogen. Keine Worte drücken die Anmut dieser so reich bewohnten Gegend aus", schrieb Goethe 1786 über das lombardische Ufer des Gardasees, das er im Rahmen seiner Italienischen Reise besuchte. 200 Jahre später mag man vielleicht nicht mehr von einer Anmut des Ufers reden, doch seine unverwechselbare, liebliche Schönheit hat sich der ** **Gardasee** trotz aller Touristenströme bewahrt. Auch die Brescianer Riviera hat, trotz Hochhausbauten und landschaftlicher Zersiedelung, noch viel vom Charme des 19. Jhs., als sich hier der Adel prachtvolle Villen als Sommerfrische bauen ließ.

Spannungsvolles Wechselspiel: der alte und der neue Dom

Die Fahrt von Desenzano del Garda bis nach Riva auf der steil über der Felsküste führenden *Gardesana occidentale* eröffnet nach jeder Biegung eine neue Perspektive mediterraner Schönheit und herber Wildnis. Als schönster Ort des Ufers – allen ersten andersartigen Eindrücken zum Trotz – gilt ** **Salò,** idyllisch an der *Conca d'Oro* gelegen, der sogenannten Goldmuschel. Die Temperaturen klettern hier am höch-

Desenzano del Garda

sten, was eine einzigartige Vegetation zu üppigster Entfaltung treibt. Daß der Ort bereits im Mittelalter wegen seiner einzigartigen Lage geschätzt war, belegen einige Bauten aus dieser Zeit.

2

Seite 51

Hauptort der Brescianer Riviera ist ***Gardone Riviera** mit seinen eleganten Villen, zwischen die sich auch der *Vittoriale degli Italiani* mischt, einst von Gabriele d'Annunzio als nationale Gedenkstätte an die Kämpfe, die den Faschismus vorbereiteten, errichtet. Das Anliegen d'Annunzios, sich selbst in den Sinnbildern nationalistischen Größenwahns ebenbürtig zu spiegeln, konnte wohl nur der Eitelkeit des Dichters entspringen. Von dem bis unter das Dach vollgestopften Kuriositätenschloß kann man sich in dem stillen Botanischen Garten erholen – nur wenige Schritte entfernt.

IAT, Lungolago Zanardelli 39,
I-25087 Salò (Brescia)
☎ 0365/21423, FAX 20347.

**Laurin,** Viale Landi 9,
☎ 0365/22022, FAX 22382. Elegantes Jugendstilambiente mit Zugang zum See. $$
**Panoramica,** Via del Panorama 28,
☎ 0365/41435, FAX 521210. Liegt außerhalb des Ortes und bietet einmalige Ausblicke. $

**Trattoria La Campagnola,** Via Brunati 11, ☎ 0365/22153. Köstliche Zubereitung von Gerichten mit Gemüse aus eigenem Anbau. $$

## **Mantua

Der Empfang, den das schöne Mantua (60 000 Einw.), 191 km, seinen Gästen bietet, könnte grandioser nicht sein: Wer sich von Norden der Stadt der Gonzaga nähert, folgt ein Stück weit dem *Mincio,* der sich hier zu drei Seen erweitert, die Mantua gleich einem Gürtel aus Seerosen umgeben. Über eine Brücke gelangt man direkt in die Altstadt, über der weithin sichtbar die Kuppel von ** *Sant'Andrea* vom kulturellen Glanz der Stadt kündet. Doch Mantua hängt nicht melancholisch der eigenen Geschichte nach, Mantua ist eine Stadt der Gegenwart, voller Leben und unbeschwerter Leichtigkeit. Dem verheißungsvollen Süden ist man im Reich der Gonzaga spürbar nah.

Für diese Stimmung mag auch Manto, Tochter des Sehers Teiresias aus Theben, empfänglich gewesen sein, die der Überlieferung nach die Stadt im sumpfigen Mündungsgebiet des Mincio gründete. „Sie bauten ihre Stadt auf Mantos Grab und tauften ohne weiteren Zauber sie nach ihr, die diesen Platz zuerst gewählt", beschreibt Dante in seiner *„Göttlichen Komödie"* die unspektakuläre Gründung einer bis ins Mittelalter ebenso unspektakulären Stadt. Doch dann, in einer schwülen Augustnacht des Jahres 1328, putschten sich die aus ganz bescheidenen Verhältnissen stammenden Gonzaga an die Macht, die sie vier Jahrhunderte nicht mehr abgeben sollten. Unter ihrer Herrschaft verwandelte sich Mantua in eine Oase der Kunst, deren Anziehungskraft auf bedeutende Künstler und Gelehrte der Renaissance wirkte.

Aller Ruhm der Stadt begann auf der *Piazza Sordello,* dem ältesten und größten Platz Mantuas, an dem sich der mächtige ***Palazzo Ducale** erhebt, in dem die kunstbesessenen Gonzaga so prachtvoll residierten. Durch ein kleines unscheinbares Tor tritt man ein in das gewaltige Labyrinth der Residenz, deren Ausmaße sich von der Piazza nur schwer erahnen lassen. Eine Stadt in der Stadt öffnet sich da, eine verwirrende Ansammlung verschiedenster Gebäude, die seit 1290 hier entstanden sind und die die Gonzaga zu einem Renaissanceschloß zusammenfaßten. Von den über 500 Sälen und Zimmern des Palastes sind nur rund 20 – ausschließlich mit Führung – zu sehen. Die Spiegelgalerie und die Hängenden Gärten sowie die *** *Camera degli Sposi,* das Schlafgemach des Fürsten Ludovico II und seiner Gemahlin Barbara von Brandenburg, das im *Castello di San Giorgio* liegt und von Mantegna 1465 mit Fresken ausgemalt wurde, sind nur die Höhepunkte eines rauschenden Prunkes. Auch die *Gemäldesammlung* zeugt von dem Kunstsinn der Gonzaga, selbst wenn sie nur noch ein matter Abglanz dessen ist, was sie einmal war. In Geldnot geraten, mußte der schwächliche Gonzagafürst Vincenzo II 1627 den Großteil seiner Sammlung an den englischen König verkaufen. (🕓 Di–Sa 9–13 und 14.30–18 Uhr.)

Gardone Riviera, einst schönstes, reichstes und mondänstes Bad

Wer nun erst einmal eine Pause braucht, der sollte auf der Piazza Sordello die *torta sbrisolona* probieren, einen festen Mandelstreuselkuchen, der zu den Köstlichkeiten der Küche Mantuas gehört. Bürgerhäuser und Palazzi aus dem 13. und 14. Jh. säumen die Piazza, an der auch der **Dom San Pietro** liegt, ein eigenwilliges Stilgemisch aus antiken, romanischen, gotischen und barocken Bauformen.

Relaxen in Mantuas Straßencafés

Die *Torre della Gabbia* an der Ecke der Via Cavour ist Ausdruck der feindseligen Zeiten, in denen die guelfischen und ghibellinischen Adelsfamilien gegeneinander kämpften und sich in Mantua mit Wehrtürmen verteidigten. Der Name des Turmes (*gabbia* = Käfig) leitet sich von einer im Mittelalter nicht selten praktizierten Foltermethode ab, bei der man Missetäter in einem Käfig an der Turmmauer zur Schau stellte und schmachten ließ.

Am **Palazzo del Broletto** erinnert ein Relief in der Nische des Nordportals an Vergil, den aus Mantua stammenden Dichter. Hier streckt sich auch die *Torre Civica* als Ausdruck wachsenden kommunalen Selbstbewußtseins in den Himmel.

Der Palazzo Ducale birgt über 500 Säle und Zimmer

Einer der schönsten Plätze Mantuas ist die malerische ** **Piazza delle Erbe.** Vor der Fassade des *Palazzo della Ragione* (1250), des alten Rathauses, der *Torre dell' Orologio*, dem mächtigen Uhrturm aus der Renais-

2

Seite 51

2

Seite 51

sance, der Kirche ** *Sant'Andrea* sowie der Rotunde von *San Lorenzo* findet jeden Tag ein bunter Gemüse- und Obstmarkt statt, zu dem Marktfrauen aus der Poebene schon seit dem 12. Jh. anreisen. Der Uhrturm von 1473 ist eine kleine Sensation, übernimmt er doch die Funktion eines Ratgebers, indem er neben der Uhrzeit den *mantovani* auch die Zeit für den Aderlaß anzeigte oder die richtige Erntezeit sowie die rechte Zeit für Frühjahrskuren.

Die benachbarte Piazza Mantegna, die der Jugend mit ihren knatternden Motorrollern gehört, krönt eine der schönsten Kirchen der Hochrenaissance. Ludovico II rief 1470 den Florentiner Baumeister Leon Battista Alberti nach Mantua, der den Entwurf für ** **Sant'Andrea** lieferte. Die Kuppel entstand erst sehr viel später nach einer Vorlage Filippo Juvarras. Der dreiteilige antike Triumphbogen stand bei der Fassadengestaltung Pate, dessen System auch für die Innengestaltung angewandt wurde, was ihr die maßvolle und ruhende Proportionierung verleiht. Um die majestätische, an der Antike geschulte Größe des Raums auf sich wirken zu lassen, die beispielgebend für zahlreiche europäische Kirchenbauten des 18. Jhs. wurde, muß man von der Dekoration absehen, die erst später geschaffen wurde. Das Innere war wohl als würdevoller Rahmen für die Grabstätte Andrea Mantegnas gedacht, der 1506 in Mantua starb.

Auf dem Weg zum südlichen Ende der Stadt, zum ** *Palazzo del Tè,* der Zweitresidenz der Gonzaga, kommt man in der *Via Poma* an dem Haus des Hofarchitekten der Gonzaga, *Giulio Romano,* vorbei, das in seiner Pracht Ausdruck des neu gewonnenen Selbstbewußtseins des Renaissancekünstlers ist. Weitaus bescheidener ließ sich der Maler *Andrea Mantegna,* der Hofmaler der Gonzaga war, ein Haus in der *Via Acerbi 47* bauen, in dem noch Reste der einst reichen Wandbemalung erhalten sind. Schräg gegenüber steht der zweite bedeutende Bau Albertis, die Kirche * **San Sebastiano** aus dem 15./16. Jh. Erstmalig in der Geschichte der Architektur ersann Alberti hier einen Zentralbau der Renaissance über dem Grundriß eines griechischen Kreuzes. Die grandiose und in ihrer Harmonie und edlen Linienführung überwältigende Raumwirkung ist hier, anders als bei Sant'Andrea, erhalten. San Sebastiano wurde im 18. Jh. säkularisiert und dient heute als Denkmal für die Gefallenen der Weltkriege.

Den ** **Palazzo del Tè,** versteckt hinter dem Sportzentrum von Mantua, ließ Federico II Gonzaga von Giulio Romano 1525 etwas außerhalb des Stadtzentrums als Gartenvilla anlegen, da er hier seinen beiden Leidenschaften – Pferde und Frauen – nachkommen wollte. Unzählige nackte Jünglinge und holde Jungfern sowie Jagdszenen mit den Lieblingsrössern des Fürsten bevölkern denn auch die Fresken, die die Wände des Schlosses von unten bis oben überziehen. Seine Geliebten traf Federico am liebsten in der * *Sala di Psiche,* wo der Mythos von Amor und Psyche erzählt wird.

Daß der Herzog seine Leidenschaften zügeln und nicht die Götter versuchen sollte, legte ihm wohl der Maler der * *Sala dei Giganti* nahe, in der ein einziges riesiges Fresko die rebellierenden Giganten darstellt, die von den Blitzen des Zeus unter einem Inferno einstürzender Bauten begraben werden. Der *Riesensaal* wurde bereits im 16. Jh. bewundert und fand viele Nachahmungen in Deutschland und Frankreich. (🕓 Di–So 9–18 Uhr; Mo geschl.)

ℹ APT, Piazza Andrea Mantegna 6, ☎ 0376/328253, FAX 363292.

H **San Lorenzo,** Piazza Concordia 14, ☎ 0367/220500, FAX 327194. Erstes Haus am Platze in schönster Lage nahe der Piazza delle Erbe. $$$

*Die Sala di Psiche im Palazzo del Tè*

POST·LABORES

2

Seite 51

**Broletto,** Via Accademia 1, ☎ 0376/326784, 📠 22197. Komfortabel und gemütlich. $

**Aquila Nigra,** Vicolo Bonacolsi 4, ☎ 0376/327180. Top-Adresse für die *tortellini di zucca.* Man speist im klösterlichen Ambiente. $$
**Il Cigno,** Piazza d'Arco 1, ☎ 0376/327101. Nobelküche in einem freskengeschmückten Palast des 16. Jhs. $$
**Ochina Bianca,** Via Finzi 2, ☎ 0376/323700. Fantasievolle Küche von Marcella und Gilberto. $

Folgt man dem Verlauf des *Logo Superiore* in Mantua, kommt man an seinem Ende nach **Curtatone,** einem kleinen Ort, den man durchqueren muß, um über eine lange Allee zur Wallfahrtskirche * **Santa Maria delle Grazie** zu gelangen. Francesco I Gonzaga versprach im Pestjahr 1399 den Bau einer Kirche, wenn er nur überleben würde. Diesem Gelöbnis verdankt Curtatone heute eine prächtige Renaissancekirche, die von eigenartigen Wesen bewohnt wird.

In den holzvertäfelten Nischen sieht man Figuren aus Holz, Stuck und Wachs, die mit echten Haaren sowie verschiedenen Accessoires wie zum Leben erweckt scheinen. Sie entstanden bereits in der Renaissance und sollen wahrscheinlich die Personen darstellen, die diese Figuren als Votivgaben hierherbrachten. Ungewöhnlich ist auch das einbalsamierte Krokodil, das hier von der Decke hängt.

Nur 7 km von Mantua entfernt liegt ** **Sabbioneta,** ein kleiner Ort, den Vespasiano Gonzaga erst Mitte des 16. Jhs. in der sumpfigen und sandigen Landschaft zwischen dem Po und Oglio errichten ließ. Der ruhmreiche Heerführer im Dienste der Spanier, der zu einer Nebenlinie der Gonzaga gehörte, wollte dabei eine Stadt schaffen, die der von Mantua nicht nachstehen sollte. Die auf dem Reißbrett entstandene ideale Residenz des Vespasiano Gonzaga ist heute noch immer so erhalten, wie sie vor 400 Jahren nach dem Tod des Heerführers, Dichters, Architekten und Mäzens verlassen wurde. Die Kunstsammlungen und alles, was sich mitnehmen ließ, wurden natürlich nach Mantua geschafft. Doch die Stadt, wenn auch von bröckelnder Pracht, vermittelt noch immer die Großartigkeit der damaligen Zeit. Schließlich nannte man sie auch „Klein-Athen".

**Parco Cappuccini,** Via Santuario 30, ☎ 0372/552005. Feines Restaurant in einem alten Palazzo inmitten einer Parklandschaft. $$

### * Cremona

Cremona (73 000 Einw.), 190 km, markiert etwa den Mittelpunkt der Poebene. Seine strategisch günstige Lage erkannten schon die Römer, die hier eine wichtige Straßenkreuzung anlegten, die Cremona in den folgenden Jahrhunderten zugute kommen sollte. Wahrscheinlich kamen eines Tages auch Araber nach Cremona und hinterließen die berühmte Süßigkeit *torrone,* Nougat mit Mandeln, Eiern und Honig.

Bereits Ende des 11. Jhs. war Cremona freie Stadt und erbittertste Gegnerin Mailands, bis es schließlich 1334 dem Druck der Visconti nachgeben mußte. Seither ist die Geschichte der Stadt eng mit dem Schicksal der lombardischen Hauptstadt verbunden. Doch in einer Beziehung spielte Cremona immer die erste Geige: in der Musik. Nicola Amati, Giacomo Antonio Stradivari und Claudio Monteverdi wirkten hier und verschafften Cremona den Ruf einer Musikstadt. Mittlerweile pflegt man diese Rolle mit zahlreichen Ausstellungen, rekonstruierten Werkstätten, Museen und der alljährlichen Cremoner Konzertreihe im Mai oder Juni.

Zentrum der Stadt ist die ** **Piazza del Comune,** der es noch heute gelingt, all die städtebauliche Kraft zu bündeln, aus der heraus sie einst angelegt wurde. Die von dem Baptisterium, dem Dom, dem Palazzo del Comune, der Loggia dei Militi sowie dem Campanile umgebene Piazza zählt in ihrer Geschlossenheit zu den großartigsten Platzensembles Italiens. Wahrzeichen Cremonas ist der ***Torrazzo** (1250), der Glockenturm des Doms, mit 111 m der höchste Campanile Italiens. Zur Piazza wendet sich der Torrazzo mit einer prachtvollen astronomischen Uhr, die Sternbilder, Mondphasen und die Eklipsen anzeigt.

Der ****Dom** präsentiert sich trotz seiner imposanten Größe mit graziler Leichtigkeit: Die eleganten Bogen des *Portico della Bertazzola*, die den Campanile mit dem Dom verbinden, nehmen ihm seine strenge Blockhaftigkeit. Die rhythmisch schön gegliederte Fassade wird darüber hinaus durch Figuren aufgelockert. Das von einer Kuppel bekrönte Oktogon, das ***Baptisterium** Cremonas, entstand 1167 nach dem Vorbild von Florenz. Im 16. Jh. zog man ihm ein marmornes Kleid über, um eine möglichst spannungslose Harmonie zum Dom zu erreichen. Die kleine **Loggia dei Militi,** ein schlichter, wohlproportionierter Bau und eines der schönsten Beispiele gotischer Profan-

*Auf Fischfang im Podelta*

*Die wunderschöne Uhr am Glockenturm des Doms ist Wahrzeichen Cremonas*

2

Seite 51

## Der Po und seine Landschaft

„Die Poebene hat Norditalien reich gemacht, aber der Fluß und sein Lauf sind nie vorherzusehen, er mäandert umher, kennt keine Norm. Eine wuchernde Erzählung mit regelmäßigen Wiederholungen und Überraschungen. Er verschlammt. Er schiebt das Meer zurück! Sein Flußbett wird höher und höher – daher die ständige Gefahr von Überschwemmungen. Die Wasserfläche ist unbewegt (der Po ist ein weiblicher Fluß – vielleicht der weiblichste der Welt; im Gegensatz zum Po ist die Donau männlich), aber darunter gibt es unsichtbare, grausame Strömungen. Nichts für unerfahrene Schiffer! Der Po bewässert das Land, er schenkt Ernten, aber er ist gleichgültig – wie alle Flüsse", philosophierte einst der Kulturkritiker und Publizist John Berger über Italiens größten Strom, den Michelangelo Antonioni zum Thema seines ersten Films machte, des Dokumentarfilms „Gente del Po" („Die Menschen vom Po"). Der Regisseur selbst stammt aus Ferrara, ist also einer jener Menschen vom Po, aufgewachsen in dieser weiten flachen Ebene, die bis an den Horizont reicht, in der die Pappeln eine mit dem Lineal gezogene Gerade bilden und die Bewässerungskanäle keine Bogen kennen. Es gibt wohl kaum eine Landschaft, in der sich die Welt so bloß zeigt, so ganz ohne Geheimnisse wie hier. Nur wenn der Nebel kommt, hüllt er alles in eine undurchdringbare graue Decke, und niemand hat auch nur eine Ahnung, was sich hinter ihr verbirgt.

architektur wurde 1292 als Versammlungsort der städtischen Miliz errichtet. Gegenüber dem Dom hat im * **Palazzo del Comune** die Stadtverwaltung noch heute ihren Sitz. Hier, in der *Sala dei Violini,* hängen die Geigen von Andrea und Nicola Amati, von Giacomo Antonio Stradivari und Giuseppe Guarneri. Durch die belebte Geschäftsstraße *Corso Matteotti* gelangt man zum * **Palazzo Fodri,** einem eleganten Palast der Frührenaissance mit dem schönsten Arkadenhof der Lombardei.

2

Seite 51

Über die Piazza Libertà und die Via Giuseppina erreicht man, etwas außerhalb der Stadt, **San Sigismondo,** nach dem Dom der bedeutendste Sakralbau von Cremona. Bianca Maria Visconti gab die Kirche 1463 in Auftrag, als Erinnerung an ihre Trauung mit Francesco Sforza, die in einem Vorgängerbau stattgefunden hatte. Die ungewöhnlich rhythmisierte Fassade bildet den künstlerischen Auftakt für den grandiosen Innenraum der Kirche, den ein Teppich von Fresken aus dem 16. Jh. – ausgeführt von cremonesischen Meistern – überzieht. Weitere Kunst aus Cremona bietet dann, wieder im Stadtzentrum, das **Museo Civico** (Via Ugolani Dati 4); es zeigt neben Malerei auch archäologische Funde sowie eine große Terrakottakollektion. Die *Sezione Stradivariana* (Eingang Via Palestro 17) ergänzt die Geigensammlung im Palazzo del Comune mit Zeichnungen und Modellen aus der Werkstatt Stradivaris. (Di bis So 9.30–12.15, 15.15–17.45 Uhr.)

APT, Piazza del Comune 5,
und 0372/21722.

**Astoria,** Via Bordigallo 19,
0372/461616, 461810. Luxus in einem ehemaligen Kloster. $$
**Impero,** Piazza della Pace 23,
0372/20716. Einfaches Hotel. $

**Ceserole,** Via Ceserole 4,
0372/30990. Feine lombardische Spezialitäten. $$
**Mellini,** Via Bissolati 105,
0372/30535. Trattoria in einem der ursprünglichsten Viertel Cremonas. $$

# Route 3

## Auf den Spuren mittelalterlicher Machthaber

***** Mailand – * Chiaravalle Milanese – *** Certosa di Pavia – ** Pavia – * Lomello – Alessandria – * Asti (190 km)**

**Auftakt der Route sind großartige Klosterbauten im Süden Mailands, so die Anlage von Chiaravalle und die Certosa di Pavia, das „erste dekorative Prachtstück Italiens und der Welt" (Jacob Burckhardt). Pavia, die alte Kaiserstadt, hat neben viel Charme und Flair auch viel Kunst, Geschichte und Politik zu bieten. Über Lomello, wo eine der ersten romanischen Kirchen in der Lombardei zu sehen ist, führt die Route weiter nach Alessandria, Geburtsstadt des Borsalino, in der sich auch heute noch alles um Hüte dreht. In den nahegelegenen heißen Quellen und Schlammbädern von Acqui Terme können sich müde Reisende wieder erholen, um sich auf den Weg zur letzten Station der Route zu machen, zur Weinstadt Asti in den Hügelketten des Monferrato.**

**Will man sich Zeit für die Städte lassen und in Acqui Terme ausgiebig entspannen, sollte man für diese Route zwei Tage einplanen.**

### Von *** Mailand nach ** Pavia

Südlich von *** *Mailand* (s. S. 24) liegt inmitten wie nach graphischen Gesichtspunkten angelegter Felder die * **Chiaravalle Milanese,** eine Zisterzienserabtei, die ihren Namen von Abt Bernhard von Clairvaux ableitet, der hier 1135 einen Vorgängerbau weihte. Die damalige Abgeschiedenheit der Gegend kam dem Lebensideal der Zisterzienser, Entsagung und Askese, gerade recht. Ihre Strenge spiegelt sich auch in dem Bau der 1150 errichteten Abteikirche *Santa Maria,* deren Fassade ohne schmückenden Dekor blieb. Doch bereits 150 Jahre später lockerten sich ganz offensichtlich die Prinzipien der Zisterzienser, zumindest was die Bauästhetik betraf, die beispielsweise einen freistehenden Campanile verbot. Denn 1347 entstand in der Chiaravalle ein Vierungsturm von filigraner Schönheit. Allein im 16. Jh. schien man sich noch einmal der alten Ideale zu entsinnen und errichtete einen bescheidenen Glockenturm. Im Innern der Kirche ist reicher Freskenschmuck aus der Giotto-Schule erhalten, unter anderem mit Darstellungen aus dem Leben des hl. Bernhard.

*Die gotische Loggia dei Militi in Cremona*

3

Seite 65

Über eine öde, im Sommer sehr staubige Straße führt der Weg nun zur *** **Certosa di Pavia,** jener weltberühmten Kartause, 10 km vor der Kaiserstadt Pavia gelegen. In Anbetracht des Touristenrummels und der vielen parkenden Autobusse ist es kaum vorstellbar, daß hier einst Mönche in den Kreuzgängen in stiller Einkehr wandelten und für das Heil der Welt beteten. Gian Galeazzo Visconti hatte eine respektable Grablege für sein Geschlecht vor Augen, als er die Certosa 1390 im weitläufigen Park seines Schlosses in Auftrag gab. Die Mönche, die hier einzogen, sollten unbedingt Kartäuser sein, weil sie besonders weltabgewandt lebten und sich allein in Gebete vertieften. Und Gian Galeazzo hatte Bittgesuche um sein Seelenheil bitter nötig. Doch bei seinem Tod 1402 standen lediglich die Grundmauern des Klosters. Aufgrund immer wieder leerer Staatskassen zogen sich die Bauarbeiten an der Certosa bis 1549 hin.

*Die weltberühmte Certosa di Pavia*

*Ein Deckenfresko schmückt die Vorhalle der Certosa*

Ein Feuerwerk von Ornamenten, Friesen, Porträtmedaillons und schmükkendem Dekor scheint sich an der ** *Fassade* der Klosterkirche *Madonna delle Grazie* entzündet zu haben, einem Wunderwerk kunstvoller Details. Welten entfernt von der Klarheit toskanischer Frührenaissancebauten, fordert die Fassade der Klosterkirche die Sinne mit üppigem Schmuckwerk, das die Bewunderer der Chiaravelle in Entzücken versetzt und die schlimmsten Vorwürfe der Kritiker bestätigt. Denn keineswegs einhellig einer Meinung sind die Kunsthistoriker in ihrem Urteil über die Kartause. Das Innere der Klosterkirche ist unerwartet schlicht und von zweitrangiger Ausstattung. Glanzpunkt ist lediglich das Grab für *Ludovico il Moro* und *Isabella d'Este,* das der Herzog 1497 nach dem frühen Tod seiner hochverehrten Gemahlin bei Cristoforo Solari in Auftrag gab. Die beiden bedeutenden Herrscherpersönlichkeiten, die ursprünglich in Santa Maria delle Grazie in Mailand ruhten, sind besonders lebensnah in Marmor gemeißelt. Auch der Klosterstifter, Gian Galeazzo Visconti, hat seine letzte Ruhestätte, die nach seinem eigenen Entwurf gefertigt wurde, in der Kirche gefunden.

3

Seite 65

Die 23 Zellen der Kartäusermönche, die vom *Großen Kreuzgang* mit seinen 123 Arkaden abgehen, haben sich noch etwas von der Ruhe und Besinnlichkeit bewahrt, die einst über dem Kloster lag. Zu jeder einzelnen Zelle gehört ein kleiner Garten als Ort der Arbeit und der Sammlung. Der *Kleine Kreuzgang* baut mit seinen feinen Säulenarkaden ein harmonisches Wechselspiel zu den eleganten Galerien des Vierungsturmes auf, auf den er den Blick immer wieder freigibt. Im *Refektorium* nahmen die Kartäuser schweigend ihre bescheidenen Mahlzeiten ein, während ein Mönch von der Marmorkanzel Bibeltexte las.

Bevor man sich auf den Weg nach Pavia macht, sollte man noch den Wein im *Vecchio Mulino* in der Via del Monumento 5 kosten – ein lombardischer Gaumengenuß ganz außergewöhnlicher Qualität.

## ** Pavia

Pavia, 36 km, die „Schöne im Schatten Mailands", ist allein schon aufgrund ihrer geographischen Lage sehr reizvoll: An der tiefsten Stelle der Poebene am Ticino gelegen, erscheint die Stadt (100 000 Einw.) bei klarer Sicht von den Alpen im Norden und den Ausläufern des Apennins im Süden umgeben.

Die verkehrsgünstige Lage in der Nähe der Mündung des Ticino in den Po verschaffte Pavia schon unter den Römern, deren regelmäßig angelegten Straßenzüge man heute noch erkennt,

eine herausragende Stellung. Im Mittelalter wurde Pavia dann Hauptstadt des Langobardenreichs – viele deutsche Herrscher wurden hier zu Königen von Italien gekrönt. 1359 mußte sich der mittlerweile unabhängige Stadtstaat den Visconti unterwerfen, die Pavia jedoch neben Mailand zu einem kulturellen Zentrum Oberitaliens ausbauten. Die glanzvolle Ausschmückung der unterworfenen freien Kommunen hatte

*Der Ponte Coperto in Pavia geht auf die Römerzeit zurück*

3

Seite 65

sich als gute Strategie erwiesen, die Tyrannei in einem versöhnlicheren Licht erscheinen zu lassen.

Kurz nach der Unterwerfung Pavias ließen die Mailänder Herzöge das ** **Castello Visconteo** am Rande der Altstadt errichten, eine gewaltige, von dicken Mauern umgebene Zwingburg, die keinen Zweifel an ihrer einstigen Funktion offenläßt. Da erstaunt es, daß ein kunst- und feinsinniger Geist wie Petrarca sie „als das edelste unter allen Werken der modernen Kunst" empfand. Die imposante Vierflügelanlage mit einst vier Ecktürmen ist nur noch zum Teil erhalten, da sie dem Angriff der Franzosen 1527 in der berühmten Schlacht von Pavia mit modernen Feuerwaffen nicht standhielt. Heute sind im Castello die Sammlungen des *Museo Civico* untergebracht sowie die *Pinacoteca Malaspina* mit Werken von Luini, Correggio, Antonello da Messina und Giovanni Bellini. Der weite *Park* des Castello, den Gian Galeazzo bis zur Certosa erweitern ließ, ist ein romantisch angelegter Landschaftsgarten mit einigen kleinen Bauten. (🕒 Tgl. außer Mo 9.30-12.30 und 15.30-18.30 Uhr.)



Seite 65

Über die *Viale G. Matteotti* und die *Via Grizotti* erreicht man etwas außerhalb der Stadt die graziöse Kirche ** **San Pietro in Ciel d'Oro,** die noch mit ihrem Namen an den „goldenen Himmel" ihrer Vorgängerkirche, einer langobardischen Basilika, erinnert. Die Kirche bündelt ihre monumentale Kraft in einem einfachen Backsteinbau mit einer streng gegliederten Fassade. Einen ebensolch strengen, feierlichen Eindruck vermittelt auch der Innenraum, in dem sich das Grab des bedeu-

## Studium Generale: die Universität von Pavia

Plätschernde Brunnen, weinumrankte Säulen, Arkadengänge, freskengeschmückte Hörsäle, eine alte Bibliothek, Büsten ehrwürdiger Gelehrter, knarrende Holzböden – in der Universität von Pavia wird den Studenten noch Respekt vor der Gelehrsamkeit zuteil. Pavia hat nach Bologna die zweitälteste Universität Italiens und damit eine der ältesten Europas und der Welt überhaupt. 1361 wurde sie von Gian Galeazzo Visconti ins Leben gerufen, doch bereits aus dem Jahre 825 ist eine höhere Bildungsanstalt urkundlich überliefert. Die Alma mater von Pavia ist auch stolz auf ihre Gelehrten, darunter der bedeutende Naturwissenschaftler Alessandro Volta aus Como oder der Dichter Ugo Foscolo. Zu den berühmtesten Studenten gehörte der Autor der *commedia dell'arte*, Carlo Goldoni (1707–1793), der allerdings von der Universität wieder verwiesen wurde, weil er die Frauen Pavias mit seinen bissigen Satiren übergoß. Heute genießt die Lehranstalt vor allem auf den Gebieten der Medizin und der Ingenieurswissenschaften Weltruhm. 25 000 Studenten aus aller Welt sind in Pavia eingeschrieben – daß sie das Leben dieser nur 100 000 Einwohner zählenden Stadt nachhaltig prägen, liegt auf der Hand. Entsprechend ausgestorben zeigen sich die Plätze Pavias an den Wochenenden, an denen die Studierenden normalerweise nach Hause fahren. Erst am Montag füllen sich die Straßen wieder mit Leben. Respekt ruft nicht nur die Universität, sondern auch so manche Unterkunft der Studenten hervor. Rund ein Dutzend Kollegien gehören zu den schönsten Bauwerken der Stadt, darunter mächtige Renaissancepaläste oder Stadtpalais aus der Habsburgerzeit. Auf die Zugehörigkeit zum richtigen Kolleg wird sehr viel Wert gelegt im italienischen Cambridge, und wer sich dem Collegio Borromeo oder Ghislieri zugehörig zählt, der ist sich auch dessen bewußt, daß er zu den Besten der Besten gehört.

tenden römischen Senators und Philosophen *Boethius* befindet (Krypta), den der Ostgotenkönig Theoderich des Verrats beschuldigte und hinrichten ließ. „Der Leib aus dem sie (die Seele; Anm. d. Verf.) einst vertrieben wurde, / Ruht in Cieldauro, und aus der Verbannung / Und Marter kam sie her in diesen Frieden", tröstet Dante in seiner *„Göttlichen Komödie"*. Der Auszug ist, in Marmor gemeißelt, rechts neben dem Portal zu lesen. Über dem Hochaltar erhebt sich die dreigeschossige *Arca di Sant'Agostino,* das Grabmahl des heiliggesprochenen Kirchenvaters Augustinus, der 430 ums Leben kam. Die Reliefs des Grabmals schildern die Lebensetappen des Heiligen. Ein weiteres Grabmal am südlichen Vierungspfeiler birgt die sterblichen Überreste des Langobardenkönigs Luitprand, der 723 die Gebeine des Augustinus von Sardinien hierherholen ließ.

*Das mächtige Castello Visconteo am Rande von Pavias Altstadt*

3

Seite 65

Über den *Corso Strada Nuova* gelangt man zurück zum mittelalterlichen Stadtkern und zur ** **Universität,** die Pavias Ruf als Gelehrtenstadt begründete. Der gewaltige Gebäudekomlex der Universität umfaßt mehrere Innenhöfe mit Arkaden und Loggien, die ihm seine ehrfurchtgebietende Aura verleihen. Seine Entstehung reicht bis in das 14. Jh. zurück, doch zahlreiche Um- und Anbauten veränderten im Laufe der Jahrhunderte das ursprüngliche Aussehen. Im 18. Jh. veranlaßte Maria Theresia, eine Förderin der Künste und Wissenschaften, zudem eine einheitliche klassizistische Fassadengestaltung.

*Arkadengänge schmücken die Innenhöfe der Universität*

Über die *Piazza Leonardo da Vinci* kommt man zu einem der *Geschlechtertürme,* die einst die ganze Stadt überwachten, von denen aber nur noch wenige erhalten sind. Zur *Piazza del Duomo* gelangt man nun wieder durch den *Corso Strada Nuova.* Die Kuppel des mächtigen * **Doms,** des Wahrzeichens der Stadt, ist schon von weitem

*Der Dom mit seiner mächtigen Kuppel, Wahrzeichen Pavias*

3

Seite 65

zu sehen. 1488 begannen die Bauarbeiten nach Plänen Bramantes und Leonardo da Vincis, das Querhaus fügte man jedoch erst 1936 hinzu. Doch scheint der Domplatz der Architektur nicht gut gesonnen, stürzte doch, zu allem Unglück der Stadt, im Frühjahr 1989 die hohe *Torre Civica* ein, ein mittelalterlicher Turm, der die Stadtlandschaft entscheidend prägte. Weitaus besser steht es da um die *Piazza della Vittoria* mit der prachtvollen Fassade des *Broletto*. Es ist das älteste Rathaus der Lombardei und entstand im 11. Jh.

Setzt man in südlicher Richtung zum Ticino seinen Spaziergang fort, dann kommt man zur *Via Cardano* und zur Kirche **San Teodoro,** einem romanischen Bau von 1150, der in seinem Innern ein berühmtes Fresko von Bernardino Lanzani birgt. 1522 malte der Künstler Pavia aus einer erhöhten Perspektive mit all den Wehrtürmen und der regelmäßigen Stadtanlage. Im Vordergrund erhebt der hl. Antonius Abbas, der zu den Schutzpatronen Pavias gehört, segnend seine Hand. Die *Via Portici* führt nun direkt zum *Ticino,* den hier der *ponte coperto,* eine sogenannte gedeckte Brücke, überspannt. Sie mußte 1951 erneuert werden, nachdem die ursprüngliche, noch auf die Römerzeit zurückgehende Brücke im Zweiten Weltkrieg zerstört worden war.

Folgt man nun dem *Corso Garibaldi,* so gelangt man zu der bedeutendsten Kirche Pavias, ** **San Michele,** eine der ältesten romanischen Kirchen Europas (langobardischer Bau des 7. Jhs.). Ihr Äußeres zeigt die Spuren der Jahrhunderte, von Witterungs- und Umweltschäden ebenso wie von Feuersbrünsten. Doch unvermindert ist die Würde der an eine Bühnenkulisse erinnernden Fassade: eine stolze Schlichtheit mit einer in sich ruhenden, regelmäßigen Formensprache. Bei der Gestaltung der Portale überwiegen profane und mythologische Themen – auf biblische Motive trifft man hier selten. Einen besonders schönen Übergang vom Irdischen zum Himmlischen findet sich im Reliefschmuck der Kapitelle, die von beeindruckend ursprünglicher Kraft sind.

ℹ APT, Via F. Filzi 2,
☎ 0382/809662, FAX 32221.

Ⓗ **Ariston,** Via A. Scopoli 10 d,
☎ 0382/343345, FAX 25667, Hotel in zentraler Lage mit allem Komfort. $$
**Excelsior,** Piazzale Stazione 25,
☎ 0382/28596, FAX 26030. Hotel der Mittelklasse, mit Tradition. $
**Canon d'Oro,** Strada Nuova 7,
☎ 0382/21093. Gute Unterkunft inmitten der Altstadt. $

Ⓡ **Antica Osteria dei Previ,** Via Milazzo 65, ☎ 0382/26203. Älteste Osteria Pavias am Ufer des Ticino. Deftige Hausmannskost. $

Im Westen Pavias schließt sich das Flachland der *Lomellina* an, der lombardischen Kornkammer, wo jedoch auch Kunstfreunde auf ihre Kosten kommen, auch wenn * **Lomello** mit seinen verlassenen, staubigen Straßen auf den ersten Blick ganz anderes verheißt. Doch es ist ja wirklich schon lange her, seit Lomello als Stützpunkt an der Hauptverbindungsstraße von Pavia nach Gallien sowohl unter den Römern als auch im frühen Mittelalter eine wichtige Rolle gespielt hat. Die einstige Bedeutung der Stadt verrät heute noch die berühmte Kirche *Santa Maria Maggiore,* die zu den ältesten Bauten romanischer Sakralarchitektur in der Lombardei zählt. Der Backsteinbau mit dem benachbarten * *Baptisterium San Giovanni ad Fontes,* einem Oktogon mit sechseckigem Taufbecken, mutet sehr erdverbunden an und strahlt monumentale Kraft und Würde aus.

Santa Maria Maggiore entstand Mitte des 11. Jhs. und war in den Wehrkomplex der nahen Burg einbezogen – daher ihre mächtigen, scheinbar unumstößlichen Mauern. Das ehemalige *Castello* ist heute Sitz der Comune.

**Alessandria** (98 000 Einw.), 112 km, ist die erste Station im Piemont. Die betriebsame Provinzhauptstadt ist vor allem durch den *Borsalino* berühmt geworden, der 1865 aus der Werkstatt des Hutmachers Giuseppe Borsalino seinen Eroberungszug um die ganze Welt angetreten hat. Sie ist heute leider nicht mehr zu besichtigen, doch gibt es ein *Museo del Cappello* am *Corso Cento Cannoni 23* (☏ 0131/3021). Neben Hüten sind die Silberarbeiten aus Alessandria ein Exportschlager. Handel brachte der Stadt auch im Mittelalter einen ansehnlichen Reichtum. Alessandria lag an der Straße nach Genua und war vom Lombardischen Städtebund im 12. Jh. planmäßig gegen die Markgrafen des Monferrato ausgebaut worden. Doch die bedeutende Republik konnte dem Druck des übermächtigen Mailand nicht mehr standhalten und mußte sich für mehrere Jahrhunderte der Herrschaft der Lombarden unterwerfen. 1708 kam Alessandria unter die Herrschaft der Savoyer und wurde zu einer einzigen Grenzfestung ausgebaut, der die gewachsene mittelalterliche Stadt weichen mußte. Das Zentrum markiert heute die rechteckige *Piazza della Libertà* mit dem Rathaus, die als Ausgangspunkt eines Stadtspazierganges dienen kann und einen ersten Vorgeschmack auf die weltläufigen Plätze und großzügigen Straßenzüge des 19. Jhs. gibt. Später sollte man im Ⓡ *Ristorante Il Grappolo* (Via Casale 28, ☏ 0131/253217; $$) einkehren, das in einem Palazzo aus dem 16. Jh. feinste Küche bietet.

ℹ APT, Via Savona 26,
☏ 0131/251021, FAX 253656.

Im Unterschied zu Alessandria hat sich **Acqui Terme,** 147 km, den Zauber alter Zeiten ganz bewahren können. Der bedeutende Kurort im südlichen Monferrato wurde schon im Altertum wegen seiner Moorbäder und seinem Wasser aus dem „Großen See der Quellen" geschätzt. Plinius, Seneca, Tacitus und Paulus Diaconus mehrten mit ihren Besuchen nur den Ruhm des Ortes, der seine Gäste mit einst 10 km langen römischen Bogen empfing, von denen heute leider nur noch die Pfei-

*San Michele, eine der ältesten romanischen Kirchen Europas*

*Die Ebene der Lomellina ist die Kornkammer der Lombardei*

*Alessandria, Stadt des weltberühmtern Borsalino*

3

Seite 65

3

Seite 65

lerarkaden erhalten sind. Mehr Funde aus der Römerzeit stellt das *Archäologische Museum* aus, das seinen Sitz in der *Burg der Paleologhi* aus dem 11. Jh. hat (🕓 tgl. außer Mo 9.30–12.30 und 15.30–18.30 Uhr.) Einen Besuch lohnt auch der *Dom*, dessen Apsis ebenso wie der Unterbau seines Campanile noch aus dem 11. Jh. stammt. Und wer das schwefelhaltige, salzige und heiße Wasser der sprudelnden Quellen, der *Bollente*, getrunken hat, wird sich freuen, daß es in Acqui Terme auch noch so ungeheuer süße Spezialitäten gibt wie die *baci Acquesi*, die den Gaumen wieder zu neuem Leben erwecken.

ℹ APT, Corso Bagni 8,
☎ 0144/322142, 📠 322143.

Ⓡ **San Guido**, Piazza San Guido 5,
☎ 0144/32 04 20. Spezialität Sardellen in Kräutersauce. Ⓢ

Durch eine vielgestaltige, stille Hügellandschaft des *Monferrato* führt die Route vorbei an einer Reihe von Bergdörfern sowie über Nizza Monferrato und Costigliole d'Asti nach Asti. Man sollte sich ein wenig Zeit nehmen für diesen letzten Abschnitt, denn zahlreiche romantisch gelegene Burgen und romanische Kirchen säumen die Wegstrecke. *Nizza Monferrato* ist ein nettes Marktstädtchen mit kleinen Gassen und Lauben, und *Costigliole d'Asti* präsentiert stolz seine Burg aus dem 14. Jh., die aber später umgebaut wurde. Wer einmal von den Weinen der Gegend kosten möchte, sollte die *Enoteca* in der Burg besuchen, zu der auch ein gutes Restaurant gehört.

## * Asti

(74 000 Einw.), 190 km, – man sieht es auf den ersten Blick – ist von der Industrialisierung des 20. Jhs. weitgehend verschont geblieben und bewahrt sich im ganzen Stadtbild seinen mittelalterlichen Charakter. Die überall aufragenden Türme brachten Asti den Ruhm des „San Gimignano del Piemonte“ ein, doch ist es eine viel geruhsamere Stadt als seine Schwester in der Toskana.

Asti ist das wirtschaftliche Zentrum des Monferrato, eine alte Handelsstadt, in der noch heute alles auf dem Markt angeboten wird, was die Bauern dieser Gegend erwirtschaften. Die Römer hatten für diese Entwicklung bereits den Grundstein gelegt. Doch während der Völkerwanderung wurden alle ihre Bauwerke zerstört. Erst im 12. Jh. erlebte Asti wieder einen kulturellen und wirtschaftlichen Aufstieg, doch gleich von solcher Rasanz, daß sich die Stadt zur mächtigsten Stadtrepublik des Piemont entwickelte, wovon die türmebewehrten romanischen sowie die gotischen Häuser am *Recinto dei Nobili* noch Zeugnis ablegen. 1342 geriet die Stadt nach langen Kämpfen zwischen den Angehörigen der Ghibellinen und Guelfen unter die Herrschaft der Mailänder Visconti. Die Fremdherrschaft bedeutete für Asti eine letzte kulturelle Blütezeit, bevor es unter der zentralistischen Herrschaft der Savoyer in einen provinziellen Dornröschenschlaf verfiel.

Auftakt einer Stadtbesichtigung ist die **Piazza I. Maggio**, an der sich einst das Hospital der Stadt befand. Heute ist hier noch das dazugehörige Baptisterium (1160) erhalten, das die Bauformen der Grabeskirche von Jerusalem adaptiert. Im Osten birgt eine kleine Kirche die Statuen aus den Werkstätten der *Maestri antelami* von 1200.

Ausgangspunkt für einen Spaziergang durch die Altstadt ist die dreieckige **Piazza Vittorio Alfieri**, benannt nach dem hier 1749 geborenen Tragödiendichter und Lebemann. Unter den Arkaden offerieren Geschäfte die neueste Mode; doch wer sich erst einmal mit einem Kaffee stärken möchte, sollte im *Antico Caffè Ligure*, einer der ältesten Bars am Platze, einkehren oder in die *Enoteca Douja d'Or*, ebenfalls an der Piazza, wo die Winzer aus dem Umland ihre edlen Tropfen anbieten. Das Viertel der reichen Handelstreibenden, der *Recinto dei Nobili*, schließt sich nun um den *Corso Alfieri* an, die Hauptstraße des alten und neuen Asti. Einst

Idyllisch gelegenes Landgut im Monferrato

ragten hier 120 Türme aus den engen Gassen, von denen heute leider nur noch wenige erhalten sind. Einer der bedeutendsten ist die *Torre Rossa di San Secondo,* die als letzter erhaltener Turm der römischen Stadtbefestigung neben einer barocken Kirche emporragt. In einer Seitenstraße findet man die Kirche *San Secondo,* die sich mit ihrer ausladenden Fassade am alten Marktplatz Astis breitmacht.

Der *Corso Alfieri* öffnet sich schließlich zur *Piazza Roma,* die ein mächtiger Turm überragt. Hier liegt das **Wohnhaus Vittorio Alfieris,** in dem heute ein Museum Dinge aus dem persönlichen Besitz des Dichters und zahlreiche

3

Seite 65

Schon die Römer kurten in den Bädern von Acqui Terme

## Rostiges, prickelndes Parlando

„Blumen um Mitternacht für mich, es sieht so aus, als wären sie für mich – mit Grüßen von wem? Wir wissen nicht, von wem ... Ich bin neu in der Stadt. Ich fühle, daß sie nicht die meine ist", singt Paolo Conte mit ächzender, herb und herrlich melancholischer Stimme hinter dem Klavier. Keine Stadt wird je die seine sein, außer natürlich Asti, aus dem er stammt und dessen wortkarges Leben von vorgestern er über alles liebt. Der von Zitroneneis und vielen Träumen singende Rechtsanwalt ist nicht nur in seiner Heimat seit langem ein Star. Denn auch das Publikum nördlich der Alpen liegt dem Bluesbarden längst zu Füßen. Prickelnd wie der Schaumwein aus Asti kann Conte bei seinen besten Liedern sein, wenn er tröstet und brummt, über das Klavier perlt, mit gebrochener Stimme singt und dabei seinen eigenen Klangbildern zu lauschen scheint.

Die belebte Piazza Vittorio Alfieri in Asti

Handschriften zeigt. (⏲ Di–Fr 10–12, 15.30–17.30 Uhr, Sa/So 10–12 Uhr). Im nahen *Palazzo Mazzetti di Frinco* (C. Alfieri 357) ist eine kleine, aber sehenswerte *Pinakothek* mit Werken piemontesischer Künstler untergebracht.

Über die Via Carracciolo gelangt man zur Kathedrale ***SS. Maria Assunta e Gottardo,** einem grandiosen Bau mit beeindruckender Raumwirkung. 1309 wurde sie anstelle eines um 800 begonnenen Vorgängerbaus errichtet. Dem Domplatz wendet sie sich mit einem spätromanischen *Campanile* und einer prachtvollen gotischen Vorhalle zu, die ins Kircheninnere führt. Hier ist noch ein romanisches Taufbecken erhalten.

3

Seite 65

Die illusionistische Rokokofreskierung der Kathedrale aus dem Jahre 1764 hat Kunsthistoriker gleichermaßen in Entsetzen und Entzücken gestürzt – und wenn man zu all den Heiligen, Propheten oder Bischöfen aufblickt, wird man wohl selbst zwischen diesen beiden Extremen schwanken.

Die *Via Natta* führt entlang der alten Stadtmauer zur Taufkapelle *San Giovanni,* die in ihrem leider fast immer verschlossenen Inneren eine kleine Krypta (6. Jh.) mit Kapitellen birgt.

ℹ APT, Piazza Vittorio Alfieri 34, ☎ 0141/530357, FAX 538200.

Ⓗ **Aleramo,** Via E. Filiberto 13, ☎ 0141/595661, FAX 30039. Zentral gelegenes Hotel mit allem Komfort. $
**Palio,** Via Cavour 106, ☎ 0141/34371, FAX 34373. Gemütliches Hotel mit viel Atmosphäre. $
**Fratelli Rovero,** Valdonata-San Marzanotto, ☎ 0141/530102. Bei Familie Rovero, die bekannt ist für ihren Wein und ihre Grappe schläft man auf dem Bauernhof. $

Ⓡ **Gener Neuv,** Lungo Tanaro 4, ☎ 0141/436723. Hervorragende Küche für Feinschmecker. Mit Blick auf den Fluß. $$
**Barolo & Co,** Via Cesare Battisti 14, ☎ 0141/592059. Stimmungsvolles Ambiente und vorzügliche Küche. $

# Route 4

## Kirchen und Klöster in der Poebene

***Mailand – Vigevano – Novara – *Vercelli – Chivasso – **Turin (170 km)

**Die Route führt durch das landschaftlich etwas öde anmutende Gebiet zwischen Mailand und Turin. Langeweile kommt dennoch nicht auf, da einige Städte und Orte in dieser Gegend den mangelnden landschaftlichen Reiz mit einer außergewöhnlichen Schönheit wieder wettmachen. So gilt denn die Piazza Ducale in Vigevano als schönster Platz der Frührenaissance, der Leonardo da Vinci zugeschrieben wird. Wer sich bis hier schon die Sohlen durchgelaufen hat, findet in Vigevano sicherlich ein paar neue Schuhe – über 1000 Hersteller machen aus dem Ort ein Zentrum der italienischen Schuhproduktion. Über Novara mit seinem vor allem durch das 19. Jh. geprägten Stadtbild fährt man weiter durch eine Landschaft von Reisfeldern, bis schließlich Vercelli auftaucht, eine charmante Kleinstadt, in der 1219 eine große gotische Kirche entstand. Die Himmelstürmerei der Gotik prägt auch den mittelalterlichen Stadtkern von Chivasso, einem kleinen Städtchen an der Grenze zum nördlichen Monferrato. Die Route ist gut in einem Tag zu schaffen.**

Mitunter riecht man **Vigevano** (36 km) schon von weitem. Der Schuhleim und das Leder ergeben eine Duftmischung, die bisweilen schwer über der Stadt hängt. Wer sich auch für museale Schuhe interessiert, kann dem *Museo Civico* am Corso Cavour 82 einen Besuch abstatten, in dem eine Abteilung die Geschichte der Fußbekleidung aufschlüsselt (🕓 tgl. außer Mo 9.30 bis 12.30 und 15.30–18.30 Uhr.) Die im 20. Jh. im Zuge der Schuhproduktion sprunghaft auf knapp 60 000 gestiegene Einwohnerzahl – Vigevano ist unumstritten Italiens *numero uno* in Sachen Schuhen – spiegelt sich in einer traurigen Zersiedelung des Stadtbildes, das zu keiner rechten Einheitlichkeit mehr finden will.

*Die Kathedrale von Asti mit ihrem spätromanischen Campanile*

Ganz anders präsentiert sich das historische Zentrum mit der ** *Piazza Ducale,* dem ersten Platzensemble der italienischen Renaissance. Daß hier gleich ein ganzer Platz in der neuen Kunstrichtung erbaut werden konnte, haben die Vigevaner Ludovico il Moro zu verdanken, der 1492 die Piazza Ducale in Auftrag gab. Auf wen der Entwurf der Piazza zurückgeht, ist nicht gesichert. Die tiefgreifende Harmonie der Bauten, die vom warmen Ocker der Fassaden noch betont wird, und das menschliche Maß der Piazza deuten aber mit großer Wahrscheinlichkeit auf den Künstler Leonardo da Vinci hin. Über den niederen Arkadenreihen versammelt sich eine fröhliche, buntgemischte Gesellschaft von Schornsteinen, die stolz vom Dom *Sant'Ambrogio* und dem Hauptturm des *Castello* überragt werden. Die drei Seiten des wohlproportionierten Rechtecks öffnen sich der barocken Schauseite des Doms, doch leider entspannt sich nicht das rechte urbane Gespräch, denn der lebenshungrige Schwung der Domfassade entwickelt keine bindende Kraft zu der in sich ruhenden Piazza.

*Reisfelder rund um Novara*

4

Seite 65

Das *Castello,* das schon unter den Visconti als Wehrfestung genutzt wurde, ließ Lodovico il Moro von Bramante in der Zeit von 1491–1494 um- und ausbauen. Der Künstler fügte vor allem den charakteristischen Turm an, den man samstags und sonntags auch besteigen kann.

*Schönster Platz der Frührenaissance: die Piazza Ducale von Vigevano*

**Nuovo Hotel,** ☎ 0381/86133, Fax 311887. Hier stimmt das Preis-Leistungs-Verhältnis. $

**I Castagni,** Via Ottobiano 8/20, ☎ 0381/42860. Vorzügliches Restaurant mit den feinsten Risotto-Gerichten. $

### Novara

Durch die fruchtbare Ebene führt die Route weiter nach Novara (103 000 Einw.), 72 km. Die zweitgrößte Stadt des Piemont macht es dem Touristen mit ihrer diskreten Zurückhaltung nicht gerade leicht, sich auf sie einzulassen, doch an manchen Orten überwindet sie ihre Verschlossenheit und entfaltet unwiderstehlichen Charme. Das Stadtbild ist weitgehend einheitlich im Stil des 19. Jhs. gehalten, als im Zuge der Stadterneuerung die dicken Festungsmauern abgetragen und an ihrer Stelle neue, barocke und klassizistisch geprägte Straßenzüge entstanden. Kirchen des Mittelalters, wie etwa den bedeutenden romanischen Dom aus dem 12. Jh., riß man im Taumel des urbanen Neubeginns gleich mit ab.

4

Seite 65

Alessandro Antonelli errichtete den neuen klassizistischen **Dom,** der kulissenhaft wirkt, weil er ohne Einbindung in sein Umfeld geblieben ist und über keinerlei Kraft des Raumes und Plastizität verfügt. Im Chorraum des Domes sind noch wunderschöne Fußbodenmosaiken eines Vorgängerbaus erhalten, die Vögel, den Sündenfall sowie Personifikationen der Paradiesflüsse und Evangelistensymbole darstellen. Das **Baptisterium** gegenüber dem Dom stammt aus dem 5. Jh., im 10. Jh. wurde ihm jedoch noch der Tambour gleich einer Krone aufgesetzt. Kuriosität des Domplatzes ist eine hohe Säule, „die schwitzt" *(La colonna che suda),* die die Luftfeuchtigkeit anzeigt und damit sozusagen einen Wetterbericht erstellt.

Der **Broletto,** das Rathaus von Novara, das die wichtigsten Regierungsgebäude des Mittelalters umfaßt, liegt an der *Piazza della Repubblica.* Der malerische Komplex vermittelt noch heute etwas von der einstigen Größe und dem Ruhm Novaras als freie Stadtrepublik. Kernbau des Broletto ist der *Palazzo del Comune* von 1208, dessen Fassade rhythmisch von vier Triforienfenstern gegliedert wird, die zum ehemaligen Ratssaal gehörten. Der *Palazzo dei Paratici* steuert der Gesamtwirkung des Broletto seine elegante Loggia bei, der *Palazzo del Podestà* den reichen Fassadenschmuck mit Spitzbogenfenstern in Terrakottarahmungen sowie Fresken, die verschiedene Wappen zeigen. Heute haben das *Museo Civico* sowie die *Galleria d'Arte moderna* ihren Sitz im alten Rathaus. (⏲ Di–Sa 10–13 und 16 bis 19 Uhr.)

Über den *Corso Italia,* eine elegante Geschäftsstraße, gelangt man in die Via Gaudenzio, die zur gleichnamigen Basilika * **San Gaudenzio** führt. Die dem Stadtpatron geweihte Kirche führt ohne Umschweife vor Augen, daß Novara nicht erst seit dem 19. Jh. die Bauherren und Architekten zu Größenwahnsinn verleitete.

Bereits Pellegrino Tibaldi fühlte sich offenbar zur Größe verpflichtet, als er 1577 mit einem neuen Kirchenbau in der Stadt beauftragt wurde. Antonelli setzte ihr zweieinhalb Jahrhunderte später nur noch die riesige Vierungskuppel auf, die Novaras weithin sichtbares Wahrzeichen ist. Man sollte sie wohl bis nach Vercelli sehen, der alten Konkurrentin aus dem Mittelalter.

Novara ist Hauptstadt des *Gorgonzolas.* Die größte Auswahl an Schimmelpilzkäse findet man bei *Moroni* in der Via Negroni.

ℹ APT, Via Dominioni 4, ☎ 0321/623398, Fax 393291.

**Italia,** Via Solaroli 10, ☎ 0321/399310, Fax 399310. Bestes Hotel Novaras mit allem Komfort. $$

**Caglieri,** Via Tadini 12, ☎ 0321/456373. Bester Ort für Risotto-Spezialitäten und andere Köstlichkeiten der Region. $

## Ausflüge

Von Novara sollte man an die **Riviera des Lago Maggiore** fahren, der sich nur 32 km entfernt von seiner schönsten Seite zeigt. Der Landstrich mit seiner subtropischen Flora, von deren Schönheit man sich am besten im Botanischen Garten der ** **Villa Taranto** in *Verbania* ein Bild machen kann, zog schon vor Jahrhunderten den Adel aus aller Welt an. Großartige Villen, eingebettet in einen majestätisch weiten Landschaftsrahmen, der den Blick bis auf die Schweizer Alpen freigibt, legen davon noch ein beredtes Zeugnis ab.

Wie zu einem Gesamtkunstwerk verschmolzen sind Natur und Kultur auf der ** **Isola Bella,** der größten der vier Borromäischen Inseln, die im Barock als Weltwunder galt und selbst abgeklärten Globetrottern wie Alexandre Dumas die Worte entlockte: „Dies ist ein Ort unvergleichlichen Zaubers“.

*Die Basilika San Gaudenzio in Novara*

4

Seite 65

## * Vercelli

Nur wenige Kilometer südwestlich von Novara erhebt sich aus der endlos erscheinenden Weite der Reisfelder die Ortschaft Vercelli (40 000 Einw.), 95 km. Sie ist das Zentrum der italienischen Reisproduktion, und die Asiaten, die man hier in der Stadt sieht, kommen weniger der Sehenswürdigkeiten wegen als vielmehr, um Reis einzukaufen. In der Vergangenheit war Vercelli oftmals ein militärischer Stützpunkt verschiedenster Völker und politischer Lager an der Grenze zur Lombardei und am Zusammenfluß von Sesia und Cervo. Ende des 16. Jhs. ließ Carlo Emanuele I den kleinen Ort gar ganz als Festung gegen das verfeindete Mailand ausbauen.

Unter bauästhetischen Gesichtspunkten war die Eroberung Vercellis durch die Franzosen im Spanischen Erbfolgekrieg daher ein Glück für die Stadt, denn die Okkupanten sprengten die

*Gesamtkunstwerk Natur: im Park der Villa Taranto*

*Die Isola Bella macht ihrem Namen alle Ehre*

Befestigungsanlage samt Zitadelle einfach in die Luft. An ihrer Stelle führen heute grüne Alleen um den historischen Kern.

Von den einst feindseligen Zeiten zeugt allein noch das *Castello* der Visconti aus dem 14. Jh., in dem heute der Justizpalast seinen Sitz hat. Zunächst lädt die *Piazza Cavour* zu einem ersten Kennenlernen der Stadt ein, die sich besonders freundlich mit einem von Arkaden gesäumten Platz vorstellt, vom schönsten Geschlechterturm Vercellis, der *Torre dell'Angelo,* überwacht. An der nahegelegenen *Piazza San Marco* liegt eine der bezauberndsten Markthallen Italiens: Unter den Rippengewölben der weiten Schiffe einer ehemaligen Kirche wird Geflügel und Wild, Käse, Obst und Gemüse angeboten. Ein kultur-kulinarischer Augenschmaus!

## Überschwemmte Reisfelder

Dabei meint man doch immer, daß die Pasta Italiens Nationalgericht sei. Und da belehrt einen Vercelli und die ganze Poebene, daß im Norden des Landes Reis ebenso gefragt ist. Man sieht es schon an den unendlich vielen Reisfeldern, die längst zum ständigen Begleiter der Routen geworden sind und aus denen die Städte im Frühsommer, wenn die Felder überflutet sind, wie eine Insel aus dem Meer ragen, im Hochsommer aus saftigem Grün und im Herbst nach der Ernte wie eine Oase aus der Steppe. Seit dem Mittelalter wächst Reis in der Gegend um Novara und Vercelli in solcher Fülle wie nirgendwo sonst in Europa. Jeden Frühsommer werden die Wassermassen der großen Gebirgsflüsse Sesia und Ticino gestaut und in Tausende von Kanälen zur Überflutung der Felder geleitet – ein Schauspiel von einzigartiger Schönheit. Bis in die 50er Jahre arbeiteten hier noch die *mondine,* Reisarbeiterinnen meist aus dem Süden, die, mit geschürztem Rock gebückt im hohen Wasser stehend, den Reis ernteten. Der Filmemacher Giuseppe de Sanctis setzte den von Malaria bedrohten und von den *padroni* ausgebeuteten Arbeiterinnen mit seinem Film „*Bitterer Reis*" ein Denkmal.

Doch Vercelli hat noch mehr zu bieten: Auf der Piazza Biccheri präsentiert sich eine der schönsten Kirchen Oberitaliens: ** **Sant'Andrea.** Der Vercelleser Bischof Guala Biccheri, ein gefragter Berater an den Höfen Europas, hatte sie 1219 in seiner Heimatstadt in Auftrag gegeben. Der Baumeister ist leider nicht überliefert. Acht Jahre später waren die Arbeiten bereits abgeschlossen, und Sant'Andrea markierte eine kleine baukünstlerische Revolution: Ihr * *Innenraum* wurde als einer der ersten in Italien nach gotischer Raumauffassung gestaltet. Und obwohl der Außenbau noch nach den Prinzipien der Romanik errichtet ist, gelang dem Baumeister eine Kirche von großer stilistischer Klarheit, die den epochemachenden Übergang der beiden Kunstrichtungen in großer Harmonie vollzieht. Man muß die Kirche einmal ganz umkreisen, um in den spannungsvollen Pendelgang zwischen dem basilikalen Baukörper und den dekorativen Elementen wie den Fialen oder den Zwerggalerien sowie dem perspektivischen Wechselspiel der vier Türme gezogen zu werden.

Gegenüber dem Hauptportal ist noch das *Hospiz* aus dem 13. Jh. mit der freskengeschmückten *Sala Ducentesca* erhalten, die allerdings nur im Rahmen von Konzerten besichtigt werden kann. Der Weg zum Dom **Sant'Eusebio,** führt durch den Stadtpark. Der Dom schiebt sich zwar mit seiner monumentalen klassizistischen Vorhalle in den Blickpunkt, überzeugen kann die Anlage jedoch nicht. Vielmehr läßt einen die „kalte Herrschaftsarchitektur" frösteln, die unmittelbar nach dem Konzil in Trient entstand und der eine romani-

4
Seite 65

sche Basilika weichen mußte. Geblieben ist allein der alte Campanile und ein mit Goldblech beschlagenes Kruzifix von großer Ausstrahlung.

Versöhnlich stimmt nach dem mißratenen Dom wieder die Renaissancekirche **San Cristoforo,** zu der die Hauptgeschäftsstraße Vercellis, der *Corso Libertà,* führt. Man sollte bei dem Bummel nicht vergessen, einen Blick in den Innenhof der *Casa Centori* (Nr. 204) zu werfen, der mit seinen Friesen, Rund bogen und Terrakottadekorationen ein Meisterwerk der Baukunst darstellt. Wahrscheinlich entstand der Cortile für die Adelsfamilie nach einem Entwurf Bramantes. San Cristoforo stammt aus dem 16. Jh., wurde aber im Spanischen Erbfolgekrieg stark in Mitleidenschaft gezogen und im 18. Jh. barock ausgeschmückt.

Im Querhaus sind noch die großartigen Wandmalereien von *Gaudenzio Ferrari* erhalten, dem bedeutendsten Maler der Renaissance im Piemont. Die Figuren Ferraris sind durchdrungen von einer tiefen Menschlichkeit.

Wer auf den Geschmack piemontesischer Malerei und Geschichte gekommen ist, kann noch dem *Museo Borgogna* (Via A. Borgogna 8) und dem *Museo Leone* (Via G. Verdi 30) einen Besuch abstatten.

🛈 APT, Viale Garibaldi 90,
☏ 0161/58002, FAX 257899.

**Chivasso,** 146 km, romantisch am Ufer des Po und vor dem Hügelkamm des nördlichen Monferrato gelegen, ist eine unbedeutende Kleinstadt, an der man vorbeifahren würde, gäbe es nicht die Kirche *Santa Maria Assunta e San Pietro,* eine grandiose gotische Schöpfung des beginnenden 15. Jhs., deren Fassade üppig mit Terrakottaplastiken verziert ist. Den Innenraum schmückte der einheimische Renaissancemaler Defendente Ferrari mit einem vielgestaltigen Polyptychon, das eine Kreuzigung und Szenen der Passion zeigt.

** **Turin,** 170 km (s. S. 35)

*Die Piazza Cavour wird von Arkaden gesäumt*

*Motorradbraut*

*Eine der schönsten Kirchen Oberitaliens: die Basilika Sant'Andrea in Vercelli*

4

Seite 64

# Route 5

## Königliche Selbstdarstellung im Piemont

**** Turin – La Loggia – Carignano – Racconigi – ** Saluzzo – * Staffarda – ** Manta – Cuneo – * Alba (162 km)**

**Nach einem Besuch der Landsitze des Hofadels, die im Settecento unter dem Eindruck des neu geschaffenen Königreichs der Savoyer rund um Turin entstanden, führt die Route weiter nach Carignano, wo als Ausdruck glanzvoller Savoyerherrschaft ein monumentaler barocker Dom entstand. Hoch auf den Bergen, ganz am Westrand der Poebene, liegt Saluzzo, die ehemalige Residenz der Markgrafen, die die Stadt zu einem kulturellen Zentrum ausbauen ließen.**

**Rund um die Stadt verstreut liegt eine Reihe von Burgen, von denen die schönste im Geschmack der höfischen Gotik in Manta liegt. Doch nicht nur Burgen und Schlösser, auch die Landschaft des Piemont zeigt sich hier von einer grandiosen Seite mit imposanten Bergmassiven und hinabstürzenden Gebirgsflüssen. Über Cuneo, malerisch zu Füßen der Seealpen gelegen, führt die Route durch die Langhe nach Alba. Man sollte sich für die Fahrt zwei Tage Zeit lassen, um auch die Landschaft selbst in Ruhe genießen zu können.**

5

Seite 79

Nahe der Straße im Südwesten ** *Turins* (s. S. 35) nach Carignano liegt der kleine Ort **La Loggia,** wo der Marchese Giuseppe Luigi Craneri 1769 ein prachtvolles Landschloß anlegen ließ. Die frühklassizistische Fassade wirkt durch ihre Rokokoreminiszenzen behend verspielt. Blickfang ist eine Loggia, auf die eine elegante Pappelallee hinführt.

In unmittelbarer Nähe liegt das Landstädtchen **Carignano,** dessen Stadtkern noch ganzheitlich gotisch geprägt ist. Die eigentliche Sehenswürdigkeit Carignanos ist jedoch der barocke Dom *SS.Giovanni Battista e Remigio* im mittelalterlichen Borgo. 1757 wurde er nach Entwürfen Benedetto Alfieris errichtet, der als ebenbürtiger Nachfolger Juvarras und Guarinis gilt. Die Einflüsse beider Barockgiganten spiegelt die Fassade wider: Die majestätische Weite und Klarheit des Domes ist der Formensprache Juvarras verpflichtet, während die rhythmische Durchdringung der Fassade auf die Kompositionen Guarinis zurückgeht.

Nur wenige Kilometer hinter Carignano überquert man den Po, an dieser Stelle ein still vor sich hin ziehendes Flüßchen, und kommt nach *Carmagnola,* einem kleinen mittelalterlichen Städtchen, das schon zu der historischen Markgrafschaft Saluzzo gehörte.

Nächster Ort ist **Racconigi** mit seinem imposanten *Castello Reale,* das zu den bedeutendsten Schloßbauten des Piemont gehört. Fürst Carignano, einer der reichsten Männer des Piemont, der mit dem Königshaus der Savoyer verwandt war, beauftragte 1676 seinen Lieblingsarchitekten Guarino Guarini mit dem barocken Ausbau einer spätgotischen Wohnburg aus dem 15. Jh.

Spätere klassizistische Umbauten zerstörten aber leider die einheitliche Fassadengestaltung. Allein die Gartenfront gibt die Planung des großen Baumeisters noch unverfälscht wieder: Vor den geometrisch angelegten Beeten des französischen Parks entfesselte Guarini in der Schloßfassade ein Wechselspiel zwischen monumentalen, vorspringenden Eckpavillons und einem sich zurückziehenden gotischen Kernbau. Durch eine vertikal betonte Gliederung der Fassade scheint sich der Bau darüber hinaus gleichsam schwerelos in einer Aufwärtsbewegung zu befinden.

Im Inneren entfaltet das Schloß eine großartige Pracht: Herkules und sein Figurenpersonal begrüßen den Besucher in der eleganten Eingangshalle, wohl als Stellvertreter des ehemaligen Hausherrn. Unendlich viele Räume, denen sich immer weitere anzuschließen scheinen, begleiten den Besucher in eine heroische Geschichte von Schlachten, Siegen oder mythologischen Begebenheiten, die in endlosen Fresken und Wandmalereien thematisiert werden. Prunkvolle Bodenmosaike und wandgroße Reliefs krönen das absolutistische Selbstverständnis sowie den unersättlichen Repräsentationswillen des damaligen Adels.

Auf der Fahrt nach Saluzzo kommt man durch **Savigliano** (53 km), wo es eines der malerischsten italienischen Platzensembles gibt. Die *Piazza Santorre di Santarosa* säumen Häuser aus dem 13. Jh., und der stolze Stadtturm verkündete einst, weithin sichtbar, die Freiheit der damaligen Stadtrepublik.

### ** Saluzzo

Schon bei der Anfahrt ist zu merken, daß man sich einer ganz besonderen Stadt nähert. Die Stadttürme wetteifern um Höhe mit dem Massiv des Monviso, zwar nicht mit Erfolg, doch gestalten sie derart ein sehr effektvolles Panorama. Und die Stadt hält, was sie von weitem verspricht: Saluzzo (66 km) gehört sicherlich zu den schönsten Städten des Piemont mit einem noch vollständig erhaltenen mittelalterlichen Stadtkern. „Salute e Luce" – Gesundheit und Licht gaben Saluzzo aufgrund des milden Klimas und weichen Lichts sowie naher Heilquellen seinen Namen.

Es mag die besonders schöne geographische Lage am Osthang des Monviso gewesen sein, die die arduinischen Markgrafen dazu bewegte, ihre Residenz in Saluzzo anzusiedeln. Ökonomische oder strategische Gründe waren es jedenfalls nicht, denn Saluzzo liegt

*Der Dom von Carignano liegt im mittelalterlichen Borgo*

abseits der großen und wichtigen Handelswege. Für die Stadt, die trotzdem unter der Herrschaft der Markgrafen Ludovico I und Ludovico II in der zweiten Hälfte des 15. Jhs. eine große kulturelle Blütezeit erlebte, war ihre abseitige Lage von Glück: Als eine der wenigen Eroberungen der Savoyer blieb sie von deren absolutistischem Bauprogramm verschont und konnte ihren mittelalterlichen Stadtkern bewahren.

Dem hoch auf dem Berghang gelegenen alten Teil gesellte sich im 19. Jh. eine im Sinne der Aufklärung streng angelegte Unterstadt hinzu. Ihr Zentrum bildet der Dom *Santa Maria Assunta* an der *Piazza Risorgimento,* einem lebhaften Platz inmitten des geschäftigen Saluzzo. Er wird von dem stattlichen barocken Campanile überragt, der dem ansonsten gotisch geprägten Dom westlich des Chors angefügt wurde. 1491 gab der kunstsinnige Markgraf Ludovico II die mächtige Kathedrale in Auftrag, die als letztes Werk der Gotik im Piemont entstand. Der Innenraum ist grandios in seinem Raumempfinden, so daß es bis heute unverständlich geblieben ist, warum die Brüder Gauteri aus Saluzzo Mitte des 19. Jhs. die Wände mit einer gotisches Maßwerk imitierenden Bemalung überzogen haben, die die Gesamtwirkung des Raumes stark beeinträchtigt.

5

Seite 79

Durch die klassizistische *Porta Santa Maria* gelangt man zu dem alten Siedlungskern Saluzzos. Schweigsame Gassen ziehen hier den Berg hinauf in die Welt des Mittelalters. Die Oberstadt Saluzzos ist ein labyrinthisches Gewirr von steilen Treppen, dunklen Bogengängen und engen Gassen, die sich um die Häuser winden, einfach in einem Gewölbe enden oder sich unerwartet zu einem kleinen lauschigen Plätzchen öffnen. Von den Veranden der Häuser ergießt sich kaskadengleich eine bunte Blumenpracht, was den Ort wie eine zauberhafte Kulisse für ein mittelalterliches Schauspiel erscheinen läßt. Hoch oben thront das *Castello* von Ludovico I und II, zu dem eine prachtvolle Straße, gesäumt von Adelspalästen und Repräsentationsbauten des 15. Jhs., hinaufführt.

Der Rat Saluzzos kam in dem mit Friesen und Fensterrahmungen geschmückten *Palazzo del Comune* an der Ecke zur *Via S. Giovanni* zusammen, auch wenn er nichts ohne das markgräfliche Einverständnis entscheiden konnte. In dem Renaissancebau nebenan war ursprünglich das Gefängnis der Stadt untergebracht. Die monochromen blauen Fresken stellten offenbar das Programm zur Resozialisierung der Gefangenen dar, denn sie symbolisieren die sieben freien Künste des Mittelalters: Musik, Astronomie, Geometrie, Arithmetik, Grammatik, Rhetorik und Dialektik. Nach ihnen wird der Palast heute *Palazzo delle Arti* genannt.

Folgt man nun der *Via S. Giovanni,* gelangt man zur *Torre del Comune,* die einen besonders malerischen mittelalterlichen Platz überragt.

Die schlichte Kirche ***San Giovanni,** deren Kernbau noch aus dem 13. Jh. stammt, hatte sich Ludovico II als Grablege seiner Dynastie auserwählt. Die ehemals dreischiffige gotische Stufenhalle erschien ihm aber nicht standesgemäß; so gab er 1472 einen neuen Chor in Auftrag, der die Kirche um das Doppelte verlängerte. Da sie aber mit ihrer Schmalseite zum Berg hin ausgerichtet war, bedeutete der Anbau ein unglaublich kompliziertes Unterfangen, bei dem auf der tiefer liegenden Straße ein neues Fundament gebaut werden mußte, das das Langhaus abstützen konnte.

Der ** *Innenraum* der Kirche bietet aufgrund der Umbauten ein ganz besonderes Raumerlebnis: Nachdem man das Portal durchschritten hat, steht man sozusagen schon mittendrin. Doch zunächst sollte man sich nochmals umdrehen, denn an der Innenwand der Fassade sind gotische Freskenreste aus dem 14. Jh. mit besonders fein gezeichneten Figuren erhalten. Hauptattraktion der Kirche ist der aus grünlichen Kalksteinquadern gemauerte *Chor,* in den durch vier große Spitzbogenfenster Licht einfällt. In den Wänden des ersten Joches öffnet sich eine Nische mit dem prachtvoll gestalteten Grabmal für Ludovico II, das den Markgrafen liegend auf einem reliefverzierten Marmorsarkophag zeigt. Das gegenüberliegende Grabmal blieb leer, denn die Markgräfin, für die es geplant war, mußte aus Saluzzo fliehen und starb in Spanien.

Durch eine Tür im linken Seitenschiff gelangt man in den *Kreuzgang* der Kirche, der mit seinen Palmen äußerst mediterran anmutet. Der *Kapitelsaal* war eigentlich als Grablege der bedeutenden Familie Cavassa gedacht, doch die Pläne des ehrgeizigen Francesco Galeazzo sollten sich nicht erfüllen. Allein sein Vater fand hier ewige Ruhe. Er selbst wurde in Machtkämpfen um die Erbfolge als Liebhaber der Regentin Marguerite de Foix 1528 gefangengenommen und schließlich vergiftet.

Unmittelbar neben der Kirche, in der Via S. Giovanni 5, liegt das ehemalige Stadtpalais jener Familie, die * **Casa Cavassa,** heute ein Museum, das einen hervorragenden Einblick in die Wohnkultur der Renaissance gibt. Unter dem entschiedenen Motto der Cavassa „Droit quoy qu'il soit" („Geradeaus, was immer auch sei"), über dessen Schriftzug ein Fisch gegen die Strömung schwimmt, führt der Weg zunächst in den eleganten *Arkadenhof,* der einen weiten Blick über Saluzzo und die reizvolle Umgebung bietet. Der Hausherr selbst, Francesco Cavassa, hat sich hier in einer Reliefbüste verewigen lassen. Im Inneren sind leider nur noch die Ausmalungen im Stil der Renaissance im Originalzustand erhalten; alle Einrichtungsgegenstände stammen zwar aus dem 15. und 16. Jh., wurden jedoch erst später in das Haus gebracht. In einem Seitentrakt des Museums wird Silvio Pellicos gedacht, eines in Saluzzo geborenen Schriftstellers, der sich politisch für die Einigung Italiens ein-

*Die Casa Cavassa bietet herrliche Ausblicke in die Umgebung*

*Die Quelle des Po entspringt am Fuße des Monviso*

*Das Castello della Manta, einst Burg der Markgrafen von Saluzzo*



Seite 79

setzte und deshalb lange Jahre in österreichischer Gefangenschaft war. Die Burg der Markgrafen von Saluzzo, eine einst imposante Befestigungsanlage aus dem 13. Jh., ist leider nicht mehr erhalten. Allein ein gedrungener gotischer Turm steht noch. An der Stelle des *Castello* entstanden 1828 ein Militärgefängnis und eine Kaserne.

ℹ APT, Via Griselda 6,
☎ 0175/46710, FAX 46718.

🏨 **Astor,** Piazza Garibaldi 39,
☎ 0175/45506, FAX 47450. Einfaches, aber gutes Hotel gegenüber dem Dom. $

🍴 **Ostu dij Baloss,** Via Gualtieri 33,
☎ 0175/248618. Aktuelle Trends der piemontesischen Küche. $
**La Taverna di Porti Scür,** Via Volta 14,
☎ 0175/41961. Traditionsreiches Spezialitätenrestaurant unter den Portici des Marktes. Herrliche Gnocchi! $

5
Seite 79

## Die Umgebung Saluzzos

Von Saluzzo aus sollte man nach *Paesana* (22 km) fahren, einer kleinen Ortschaft, in der der bequemste Aufstieg in das Massiv des *Monviso* beginnt. Dem Wanderer eröffnet sich hier eine grandiose Alpenlandschaft, die bereits den Römern nicht nur aus strategischen Gründen, sondern auch wegen ihrer Schönheit bekannt war. Am Fuße des Monviso liegt übrigens auch die Quelle des Po.

Nordwestlich von Saluzzo liegt nahe der ehemaligen Römerstraße über Cavour nach Turin, wie eingebettet in die Kulisse eines eindrucksvollen Bergmassivs, die stille, scheinbar vergessene Zisterzienserabtei * **Staffarda.** Sie ist noch vollständig erhalten, wenn sie auch später mehrmals dem Geschmack der jeweiligen Zeit angepaßt wurde. Dennoch gilt Staffarda als eine einzigartige Klosteranlage, die den Übergang von der Romanik zur Gotik markiert.

Die Abtei wurde zu Beginn des 12. Jhs. gegründet. Aus dieser Zeit stammt noch die Fassade des Haupttors, das allerdings später zu einem Wohnhaus umgebaut wurde. Der innere Klosterbereich mit seinen Backsteinbauten umschließt insgesamt drei aneinandergrenzende Höfe. Im Norden des Klosterbereichs erhebt sich die romanische Kirche *Santa Maria*, eine weit ausladende Basilika, die in der Renaissance umgebaut wurde, sich die erdverbundene Kraft der Romanik aber bewahren konnte. Bei einem Gang durch die Anlage mag man sich das Leben der Mönche im Mittelalter vorstellen, die in einem gemeinsamen Schlafsaal für 50 Mönche, im sogenannten *Dormitorium*, schliefen, das das gesamte Obergeschoß des Kapitelhauses einnahm. In der Fraternei im Süden des Erdgeschosses kamen sie zu ihrer alltäglichen Arbeit zusammen; meist wurden hier heilige Texte abgeschrieben oder illustriert. Im Refektorium wurden die Mahlzeiten eingenommen; ein Fresko an der Ostwand erinnert an das *Abendmahl*. Im Konversenbau lebten die Laienbrüder, jene Angehörigen des Klosters, die keine Kleriker waren.

---

Im Süden Saluzzos gelangt man nach wenigen Kilometern zu dem kleinen, verschlafenen Ort ** **Manta,** der im Westen von einer mächtigen Burg, dem **Castello della Manta,** überragt wird. Die Markgrafen von Saluzzo hatten rund um ihre Residenz einen Kranz von Burgen anlegen lassen, der sie vor unerwünschten Eindringlingen schützen sollte. Der Kern der Burg von Manta entstand bereits Ende des 13. Jhs. 1416 wurde sie jedoch zu einer prachtvollen Residenz erweitert, schließlich waren die Repräsentationsbedürfnisse der Markgrafen erheblich gewachsen. Ende des 16. Jhs. gestaltete man dann noch den ersten Stock im Stil der Renaissance mit Fresken und ornamentaler Wandmalerei. Das eigentliche Juwel der Burg liegt aber im zweiten Stock:

*Die romantische Oberstadt von Saluzzo*

BORGO

der ** *Festsaal* der Residenz, der im Auftrag Valeranos von Manta 1430 mit einem großartigen Freskenzyklus geschmückt wurde, der zu den bedeutendsten Wandmalereien *al fresco* der höfischen Gotik zählt. Vermutlich hat ihn Giacomo Jaquerio gemalt.

Die nach außen stark befestigte Burg und das wie ein kunstvoll gestaltetes Paradies anmutende Innere, ausgestattet mit Fresken und einst wertvollen Möbeln sowie Teppichen und Büchern, entspricht dem Trend der damaligen Zeit. Das Wissen um den historischen Hintergrund mit dem päpstlichen Schisma von 1378, mit starken wirtschaftlichen Umschichtungen, blutigen Kriegen und Bürgerkriegen sowie allgemeinen politischen Wirrnissen läßt deutlich werden, daß die Kunst allem voran dazu diente, hierzu bewußt eine Gegenwelt zu gestalten. Sie behauptete die Harmonie und Schönheit der Welt. Die Fresken der Burg von Manta untermauern darüber hinaus den Anspruch des eigentlich illegitimen Sohnes von Tommaso III von Saluzzo, Valerano, der rechtmäßige markgräfliche Nachfolger und Schloßherr von Manta zu sein. Valeranos Vater, Tommaso III, hatte 1394 in Gefangenschaft ein Versepos über einen irrenden Ritter, „Le Chevalier errant“, in damaliger Zeit ein sehr beliebtes Motiv, geschrieben, das von einem Ritter erzählt, der nach der Erfahrung weltlicher Laster an einen Hof der Tugenden kommt, wo er Personen aus Mythologie und Geschichte trifft. Auf diese Szene spielen die Wandmalereien in Manta an, die in neun überlebensgroßen Figuren die Helden des Epos porträtieren. Jeder dieser großen historischen Gestalten wie König David, Alexander der Große oder Julius Cäsar ist zudem mit einem Wesensmerkmal der acht Ahnherren aus dem Hause Saluzzo gekennzeichnet, als neunten Ahnherrn hat Valerano aber sich selbst darstellen lassen.

Der Freskenzyklus setzt sich fort mit den Gemahlinnen der Markgrafen, dargestellt als Delfina, Semiramis, Aetiope oder Lampeto. Alle Personen tragen unter ihren Kleidern Rüstungen, ein letzter, schon romantischer Rückgriff auf die Zeit der Ritter, vor dem endgültigen Untergang dieses Standes. Denn auch die Höfe waren damals sehr beschäftigt mit ritterlichen Maskeraden und längst überkommenen Turnieren. Zu diesen traten, als Ritter verkleidet, die Markgrafen und Fürsten an, die zwar der Herkunft nach Adelige waren, längst aber keine Ritter mehr, deren Aufgaben und Tätigkeiten nur mehr spielerisch nachvollzogen wurden.

Gegenüber dem Freskenzyklus der Helden und Heldinnen schmückt ein riesiger Jungbrunnen die Wand, der die Sehnsucht nach ewiger Jugend stillt. Die Szenerie entbehrt nicht einer gewissen Komik, wenn sich die gebrechlichen Alten im Jungbrunnen wieder zu schönen Jungfrauen und Jünglingen wandeln, die ein reges Interesse aneinander entwickeln (🕓 tgl. außer Mo 9 bis 12 und 14–18 Uhr).

Die am Berghang gelegene *Burgkapelle* ist mit einem Freskenzyklus zu Leben und Passion Christi ausgestaltet. Die überall Ende des 14. Jhs. sehr beliebten Passionsszenen sind eine Reaktion auf die verheerende Pest in den Jahren 1347–1350, die über ein Drittel der Bevölkerung hinwegraffte und historisch sowie psychologisch einen großen Einschnitt markierte – gerade in der Kunst ist dies deutlich zu spüren. Doch in der Burgkapelle ist das heilige Geschehen längst zum Anlaß degradiert, das gesamte Hofpersonal in prachtvollen Gewändern aufmarschieren zu lassen. Valerano feierte sich selbst, wo und wie er nur konnte …

**Cuneo** (56 000 Einw.), 98 km, bietet nach so viel Kultur ein grandioses Naturerlebnis. Die kleine, etwas vor sich hinschlummernde Stadt liegt malerisch am Zusammenfluß von Gesso und Stura, zu Füßen der Seealpen.

Eine erste Bekanntschaft mit Cuneo kann man auf der *Piazza Galimberti* schließen, die den Namen eines Helden

5
Seite 79

der italienischen *resistenza* trägt. Duccio Galimberti ist ein Sohn dieser Stadt, deren wechselvolle Geschichte von Belagerung und Widerstand gezeichnet war. Die strategisch günstige Lage Cuneos nahe der Alpen und Frankreich hat viele Herrscher auf sie aufmerksam gemacht. Doch Belagerung und Krieg haben der Kunst arg zugesetzt und sie zum Teil ganz zerstört. Die Piazza bildet gleichsam den Schnittpunkt zwischen dem alten und neuen Teil der Stadt. Wendet man sich zur Via Roma, erhebt sich, quasi als Auftakt dieser Geschäftsstraße, die *Kathedrale* mit einer neoklassizistischen Fassade. Biegt man in die Via Cacciatori delle Alpi ein, gelangt man zum *Museo Civico* im *Palazzo Audifreddi,* dessen reichhaltige Sammlung römische Funde, Gemälde sowie Dokumente der Stadtgeschichte umfaßt. (🕓 Di–Fr 9 bis 12, 14.30–19, Sa 9–12, 14.30 bis 18 Uhr.)

Zurück zur Hauptstraße und dieser folgend, kommt man schließlich zum *Rathaus,* das seinen Sitz in einem ehemaligen Jesuitenkloster hat, und zur Kirche *San Francesco* (15. Jh.), der ein gotischer Campanile zur Seite steht.

*Großzügig angelegt: die Piazza Galimberti in Cuneo*

*Alles frisch: Obst und Gemüse auf dem Markt in Alba*

5

Seite 79

## Rund um die Knolle

Sie sehen eigentlich ganz unspektakulär aus, haben eine warzige, dunkle Haut und erinnern an Kartoffeln. Doch ihr exorbitant hoher Preis verspricht etwas ganz Besonderes. Und in der Tat, wer im Piemont einmal all die Trüffelköstlichkeiten probiert hat, der weiß um den einzigartigen Geschmack dieser Knollen, die zu den Pilzen gehören. Trüffeln wachsen im Waldhumus, an den Wurzeln von Waldbäumen, von denen sie die Eiche besonders gern mögen. Bereits die Römer und Griechen des Altertums wußten um das Aroma der Trüffeln und machten sich auf die Jagd nach den Knollen, die sie ebenso wie heute als Zutat zu Pasteten, Fleischgerichten sowie als Würze für Suppen und Brühen nutzten. König der Trüffeln sind die etwa faustgroßen, innen weißen Trüffeln, die besonders häufig in der Gegend von Alba wachsen und ihren Kopf auch aus der Erde strecken. Trüffelschweine und abgerichtete Hunde sind ebenso wie Feinschmecker ganz wild nach ihnen. Aber wer könnte auch schon einem Carpaccio mit gehobelten Weißen Trüffeln widerstehen? Trüffelfans kommen im Herbst in Alba vollständig auf ihre Kosten, wenn die ganze Stadt vom herben Duft der Knollen erfüllt ist und die Händler gnadenlos um die Preise feilschen. Die ganze Stadt erliegt dann dem Trüffelfieber, und es fällt schwer, sich dem Knollenrausch zu entziehen.

ℹ APT, Corso Nizza 17, ☎ 0171/693258, FAX 695440.

(H) **Principe,** Piazza Duccio Galimberti 5, ☎ 0171/693355, FAX 67562. Traditionsreiche Unterkunft der Luxusklasse an der Haupt-Piazza. ($$)
**Smeraldo,** Corso Nizza 27, ☎ 0171/696367, FAX 698076. Hotel mit allem Komfort, zentral gelegen. ($)

(R) **Cavallo Nero,** Piazza Seminario 8, ☎ 0171/602017. Feinste piemontesische Küche in nettem Ambiente. ($)
**Osteria della Chiocciola,** Via Fossano 1, ☎ 0171/66277. Wein und Spezialitäten der Region. ($)
Die **Confetteria Ariona,** Piazza galimberti 14 bietet in barockem Ambiente feinste Pralinés an.

Cuneo ist ein guter Ausgangspunkt für herrliche Ausflüge. Im Süden der Stadt liegt inmitten der Seealpen der **Parco Naturale dell'Argentera,** der größte Naturpark des Piemont, in dem sowohl Fauna als auch Flora beste Lebensbedingungen finden.



Seite 79

Die Fahrt von Cuneo nach * **Alba,** 162 km, führt durch die *Langhe,* ein stark gegliedertes Hügelland, in dem der beste Wein des Piemont wächst. Ihr historisches Zentrum ist Alba, einst die vielgerühmte hunderttürmige Stadt am Ufer des Tanaro. Den Verlust seiner großen historischen Rolle, als Alba Sitz reicher Handelsfamilien war, macht das Städtchen heute mit seinen kulinarischen Offerten wett: Wein und Trüffel sind die beiden Exportschlager.

Ausgangspunkt eines Stadtspaziergangs ist die *Piazza Risorgimento* mit der *Kathedrale.* Über die Via Cavour mit ihren gotischen Häusern gelangt man zur *Loggia dei Mercanti* und zum malerischen Marktplatz, auf dem jeden Samstag Obst und Gemüse angeboten werden, im Herbst und Winter auch die begehrten Trüffeln.

Die Marktangebote wandern frisch in die Kochtöpfe der (R) *Osteria dell'Arco* (Vicolo dell'Arco 2 b; ($)), die typische Gerichte der Langhe serviert.

# Route 6

## Bergidyllen

** Turin – Ivrea – Borgofranco – Pont-St-Martin (– ** Gressoneytal) – Bard – * Issogne – Verrès – ** Aosta – Pré-St-Didier – Courmayeur (160 km)

**Die Route führt in die Bergwelt des Piemont sowie in das angrenzende Aostatal, durch wilde Landschaft und kleine traditionsreiche Orte, vorbei an Burgen und Schlössern bis Courmayeur, wo die steil aufragenden Bergflanken des Aostatals mit ihren rauhen Bergnestern und reißenden Flüssen Ehrfurcht vor den Schönheiten der Natur einflößen.**

**So mitreißend die Bergwelt sein kann, so bedrohlich haben die Menschen sie früher empfunden, daher verwundert es nicht, daß die Piemontesen in der Nähe Borgofrancos das größte Marienheiligtum des Abendlandes errichtet haben. Kulturelles Zentrum der wilden Alpentäler mit ihren mittelalterlichen Residenzen und gewaltigen Festungen ist Aosta, die Römerstadt, die mit ihren kleinen, verwinkelten Gassen und Straßen zum Schlendern einlädt. Höhepunkt nicht nur dieser Route ist der kleine lebhafte Ort Courmayeur, den der Montblanc in all seiner edlen Erhabenheit überragt, die schon Goethe ebenso wie Châteaubriant, Shelley oder Carducci besungen haben.**

**Auch wenn man sich nicht soviel Zeit wie die großen Dichter lassen kann, sollte man doch mindestens zwei bis drei Tage für das Aostatal einplanen.**

Erste Station ist **Ivrea** (28 000 Einw.), 54 km, gleichsam Vorposten des Aostatals am Ausgang der Dora Baltea aus den Alpen. Die strategisch günstige

Lage hatten bereits die Kelten, später dann die Römer und Langobarden erkannt – ihnen verdankt die Stadt ihren außergewöhnlichen Ruhm bis ins 14. Jh. hinein. Von den Bauten dieser Zeit ist nicht mehr viel erhalten, da die Savoyer Ivrea als Festung umbauten und den alten urbanen Bestand lediglich als Steinbruch nutzten.

Hoch über den Dächern der Stadt thront auf der *Piazza Castello* die über einem quadratischen Grundriß angelegte *Backsteinburg* des Savoyers Amedeo VI, der sie Ende des 14. Jhs. in Auftrag gab. Der gotischen Wehranlage

*Bäuerinnen im Aostatal*

gegenüber hat der *Bischofspalast* sein ursprüngliches Gesicht im Laufe der Jahrhunderte durch zahlreiche Um- und Anbauten verloren. Der *Dom Santa Maria Assunta* mußte sich ebenfalls mehreren baulichen Veränderungen unterziehen, doch erkennt man im halbrunden Umgangschor, den flankierenden Türmen und dem tragenden Tambour noch die erdende Kraft der Romanik. Später verwischten Barock und Klassizismus das einheitliche Erscheinungsbild.

Nach Besichtigung der *Piazza Castello* möchte man meinen, Ivrea habe den Anschluß an die moderne Zeit verpaßt und schlummere museal vor sich hin, doch die Stadt wird von einem ganz eigenen Motor getrieben: Der weltbekannte Großkonzern *Olivetti*, der Schreibmaschinen herstellte und sich dann auf Informatik verlegte, gibt in Ivrea seit Beginn des 20. Jhs. den Takt an. Olivetti hütet auf seinem Firmengelände am *Corso Jervis* einen der bedeutendsten piemontesischen Bauten: die spätgotische Saalkirche eines Franziskanerklosters aus der zweiten Hälfte des 15. Jhs. Sie ist mit einem der großartigsten * *Freskenzyklen* des Piemont geschmückt, der dem Maler Giovanni Martino Spazotti zugeschrieben wird. Im Auftrag von Herzog Carlo II von Savoyen gestaltete Spazotti zu Beginn des 16. Jhs. die *Lettnerwand* mit Fresken, die den Übergang von der Gotik zur Frührenaissance markieren. Die Emotionalisierung und damit Individualisierung des Figurenpersonals ist ebenso augenfällig wie die Expressivität der einzelnen Szenen, die vom Leben Jesu erzählen. Für eine Führung durch die Kirche ist man bei Olivetti jederzeit bereit.

6

Seite 87

Von Ivrea aus sollte man unbedingt zu einer etwa 10 km entfernten Moränenlandschaft fahren, in die sich fünf kleine Seen eingenistet haben. Erhaben dramatische Effekte der Natur, u. a. eine schnurgerade, 400 m steile Felswand sowie alte Dörfer erheischen die Bewunderung des Reisenden.

Weiter auf der N 26 kommt man schließlich nach **Borgofranco,** einem kleinen Ort, in dem man bei Aldo Ferrando in der Via Marini 30 die *Canestrelli di Borgofranco* probieren sollte, zartes Gebäck, dessen Tradition bis ins Mittelalter zurückreicht. Vor allem zur Karnevalszeit aß man diese hauchdünnen Kekse mit Vanille- oder Kakaogeschmack, die Aldo Ferrando noch heute nach Originalrezepten backt.

Wer sich ein Bild von der italienischen Marienverehrung machen will, kann einen Abstecher zum **Santuario della Madonna d'Oropa** machen, einem der ältesten christlichen Wallfahrtsorte Europas. Getrieben von der Hoffnung auf Trost oder gar ein Wunder pilgern alljährlich Millionen Gläubige zum ältesten Marienheiligtum des Abendlandes, vor der imposanten Kulisse der gegen das Aostatal hoch aufragenden Alpen gelegen. Der Legende nach soll hier der hl. Eusebius 369 eine kleine Kirche zur Verehrung der „Schwarzen Madonna" erbaut haben, die er aus dem Heiligen Land mitgebracht hatte und die angeblich dem Evangelisten Lukas gehört haben soll. In den folgenden Jahrhunderten wurde die Kapelle dann zu einer pompösen Pilgerstätte ausgebaut – vor allem auf Betreiben des Turiner Hofes. Mit einer Schwebebahn kann man von hier auch der Erde entfliehen, hinauf auf den *Monte Mucrone*, von wo aus man nach einem etwa 20minütigen Fußmarsch zu einem kleinen See gelangt. Wer noch weiter dem Himmel entgegenstrebt, nimmt den Sessellift auf den *Monte Camino*, der einen herrlichen Blick auf Matterhorn und Monte Rosa freigibt.

Die SS 26, die nun weiter in das Aostatal und zunächst nach Pont-St-Martin führt, war eine der wichtigsten Verkehrsverbindungen des Mittelalters, die dem Norden Zugang zum Mittelmeer verschaffte und zwei der reichsten Regionen im damaligen Europa verband: die Toskana und Flandern. Die Straße verlief über den Großen Sankt Bernhard und durch das Aostatal in die Lombardei. Eine ihrer schönsten Reisebeschreibungen verdankt die Strecke dem Erzbischof von Canterbury, Sigeric, der kurz vor Ende des ersten Jahrtausends durch das Aostatal nach Rom reiste, um dort die Insignien seines Amtes zu übernehmen. Mehr als 130 Burgen thronen über den antiken Verkehrsstraßen im Aostatal, die prächtigsten gehörten der Familie Challant, einem einflußreichen Geschlecht des Savoyerreiches. Nach dem Vorbild der Fürsten trieben die Challant den Bau wichtiger Festungswerke voran, die jedoch immer öfter den Charakter prachtvoller Residenzen annahmen.

*Ivrea, Vorposten des Aostatals*

**Pont-St-Martin** verdankt seinen Namen einer römischen Brücke über den Fluß *Lys*, der vom *Monte Rosa* bis zu seiner Mündung in die *Dora Baltea* wildromantische Wasserfälle bildet.

Ⓗ **Ponte Romano,** Piazza IV. Novembre 14, ☏ 0125/804329, FAX 807108. Mittelklassehotel mit allem Komfort. Ⓢ

Von Pont-St-Martin aus sollte man einen Ausflug in das landschaftlich sehr eindrucksvolle ** **Gressoneytal** machen, in dem das imposante Massiv des *Monte Rosa* die erhabene Kulisse für Weingärten, Kastanienhaine und sanfte Weiden sowie die bemerkenswerten Häuser der Bergbauern abgibt. Einer der schönsten Wege des Aostatals, die * *Alta Via 1*, führt von *Gressoney-St-Jean* durch die hohe Gipfelwelt von Montblanc und Monte Rosa nach *Courmayeur* (s. S. 92).

*Scheinbar unberührt: das landschaftlich eindrucksvolle Gressoneytal*

---

Auf der SS 26 geht es dann weiter nach **Bard** mit seiner beklemmenden, aber gleichsam faszinierenden Burg, die im 11. Jh. als Zollamt erbaut wurde und noch von den kriegerischen Zeiten des Aostatals erzählen kann. Um die imposante Festung auf dem isolierten Felsmassiv vor dem Verfall zu retten, werden die weitläufigen Räume der

*Freskodarstellung einer Schneiderei im Schloß von Issogne*

6

Seite 87

Zitadelle für Kunstausstellungen genutzt. In *Arnad,* dem nächsten Ort der Route, empfängt den Reisenden eine Burgruine.

Bevor es nach Verrès weiter geht, sollte man noch nach ***Issogne** fahren, wo sich die Challant eines der schönsten Prunkschlösser errichten ließen. Das *Schloß von Issogne* entstand 1480 aus den Resten einer gotischen Burg und markiert mit seinen prachtvoll ausgestalteten Gemächern eindrucksvoll den Übergang zur Wohnkultur der Renaissance. Fresken im Torgang begleiten den Weg ins Innere und erzählen mit ihren Darstellungen alter Läden und Werkstätten vom sozialen Leben früherer Zeiten. Der weite Schloßhof erhält durch einen achteckigen Granatapfelbaum-Brunnen seinen verspielten Reiz und lädt zudem in seinen alten italienischen Garten ein, in dem man sich jene tragisch schöne Liebesgeschichte in Erinnerung zu rufen vermag, die einst das Aostatal bewegte (s. S. 91).

Auf der Weiterfahrt nach Aosta kommt man nun nach wenigen Kilometern nach **Verrès,** einem malerischen Ort, in dem das Mittelalter noch ganz lebendig ist. Über dem Ort erhebt sich mit furchteinflößender Gebärde die Burg. Sie ist zwischen 1360 und 1390 als strenger, formkarger, über einem quadratischen Grundriß errichteter Wehrbau der Gotik entstanden, in dem eine umlaufende, kühn angelegte Treppe alle Stockwerke miteinander verbindet.

6

Seite 87

Mit der Burg ist eine äußerst dramatische Geschichte des Mittelalters verknüpft, nämlich die von Caterina von Challant und Pietro Sarriod, die sich in Verrès und Châtillon heldenhaft gegen die Savoyer verteidigten.

Die Weiterfahrt nach *Aosta* begleiten großartige Ausblicke auf Bergmassive sowie wildromantische Talschluchten. Die Landschaft hat ihre Ursprünglichkeit über Jahrhunderte retten können und zieht den Reisenden unweigerlich hinein in ein atemberaubendes Naturschauspiel, dem der Mensch mit scheinbar ebenso kompromißloser Entschlossenheit seine Bauten gleichsam kulissenhaft eingefügt hat. Wer nach der reizvollen, aber anstrengenden Fahrt eine Pause einlegen will, sollte *St-Vincent* als Raststätte wählen, einen Kurort mit Thermalbädern.

Ⓡ **Al Maniero,** Frazione Pied de Ville 58, ☎ 0125/929219. Gute Küche des Aostatals, vor allem Fontina-Spezialitäten. ⓈⒹ

### ** Aosta

(37 000 Einw.), 123 km, empfängt den Neuankömmling mit einer ewig verstopften Umgehungsstraße und häßlichen Vororten, ein denkbar unpassendes Präludium für eine so traditionsreiche Stadt, deren Wurzeln weit in die Römerzeit zurückreichen. Wie ein wohldurchdachtes Spiel mit der Perspektive mutet die ursprüngliche Stadtanlage an, die die Römer am Zusammenfluß von *Dora Baltea* und *Buthier* ersannen. Einen ehrwürdigeren Empfang bereitet hier der imposante ***Augustusbogen,** 25 v. Chr. zusammen mit der Stadt entstanden, dessen feierliche Monumentalität heute nur noch zu erahnen ist. Daß Aosta nicht nur als römische Kolonie Bedeutung hatte, sondern auch im Mittelalter eine außerordentliche Glanzzeit erlebte, belegt das Kloster ***SS. Pietro ed Orso** am Stadtrand, das bereits 520 gegründet wurde. Die heutige Anlage geht weitgehend auf spätgotische Umbauten Mitte des 15. Jhs. zurück. Von der ursprünglichen frühromanischen Basilika, die Bischof Anselmo kurz nach 1000 anlegen ließ, sind in der Klosterkirche noch die auf Pfeilerarkaden ruhenden Wände des Hochschiffs erhalten sowie die fünfschiffige Hallenkrypta unter dem Chor. Einen besonderen Kirchenschatz entdeckte man erst Mitte des 20. Jhs. in einem durch den gotischen Umbau unzugänglich gewordenen Dachraum: Hier sind noch byzantinisch inspirierte ** *Fresken* aus dem frühen 11. Jh. erhalten, zu denen eine eigens bereitgestellte Treppe führ-

te. Durch das rechte Seitenschiff gelangt man in den schönen ** *Kreuzgang* des Klosters, der ein spannungsvolles Spiel unterschiedlichster Pfeiler und Säulen entfacht.

Durch die wuchtige *Porta Pretoria* kommt man zum antiken Stadtkern, der noch von einer römischen Kalksteinstadtmauer aus Augusteischer Zeit umgeben ist. Grandiose Wehrtürme ragen aus ihr heraus, die so groß waren, daß mittelalterliche Fürsten sich ihre Residenzen darin einrichteten.

Gleich hinter der Porta Pretoria erstreckt sich rechter Hand das * **Römische Theater** in der *Rue de Bailliage.* Daß das Theater noch innerhalb der Stadtmauer liegt und nicht, wie in anderen römischen Städten üblich, etwas außerhalb des Zentrums an einem natürlichen Hang, an dem die Sitzreihen des Halbrunds aufsteigen konnten, erklärt sich aus der Rolle Aostas als Festungsstadt in einem damals sehr wilden Gebiet. Die aufsteigenden Sitzreihen mußten in der Ebene mit einer gewaltigen Stützkonstruktion gesichert werden, die mit ihrer Höhe von 25 m einen bedeutenden städtebaulichen

*Imposante Kulisse: das Römische Theater in Aosta*

*Natur pur im Val di Cogne (Aostatal)*

6

Seite 87

## Die glücklichste und die unglücklichste aller Lieben

Das Schloß von Issogne ist Schauplatz einer tragischen Liebesromanze, die sich Mitte des 16. Jhs. begab. Die Familie Challant war eine der einflußreichsten im Lande und hatte soeben die schöne Tochter Filiberta aus politischen Erwägungen mit dem Neffen des Gouverneurs von Mailand verlobt. Filiberta jedoch hatte ihr Herz längst, allen Standesunterschieden zum Trotz, an ihren Reitknecht verloren. „Laßt uns leben und lieben", ritzte sie in inständiger Hoffnung auf die Gerechtigkeit der Liebe in die Vertäfelung ihres Gemaches. Am Tag ihrer Hochzeit floh sie mit ihrem Geliebten über alle Berge und reiste in die Freie Republik Venedig, wo sie vom Verkauf ihres Schmuckes verliebt und glücklich lebten. An Filibertas Stelle mußte ihre Schwester Isabella den Bräutigam ehelichen, denn der bestand auf dem Namen Challant in seinem Stammbaum. Dem Glück der Liebenden hätte nichts im Wege gestanden, wenn nicht der Ruf des noblen Hauses Challant durch die freiheitsliebende Tochter ruiniert gewesen wäre. Durch eine geschickt inszenierte Intrige wurde Filibertas Geliebter als angeblicher Dieb entlarvt und in ihrem Beisein gehängt, sie selbst aber wurde als ein an Leib und Seele gebrochener Mensch nach Issogne zurückgebracht. „Mein Leben vergeht in Schmerz", schrieb sie 1565 als letzte Eintragung in ihr Tagebuch.

Akzent in Aosta setzte. Die Bühne des Theaters bildete mit den Gletschern des Grand Combin im Hintergrund ein immer gleiches und ebenso erhabenes Gesamtbild. Das Theater zählte mit 3500 Sitzplätzen zu den kleineren römischen Musentempeln, doch die unmittelbar angrenzende *Arena* – heute leider nur noch eine Ruine – konnte 20 000 Zuschauer bei Gladiatoren- und Tierkämpfen aufnehmen. Und auch die sieben der ehemals insgesamt 60 Eingangsarkaden auf dem Areal des *Nonnenklosters Santa Caterina* können heute nur noch eine Idee von der Großartigkeit dieser Anlage geben.

Das *Forum* des römischen Aosta lag etwa an der Stelle der heutigen Kathedrale. Ein paar Schritte links des Eingangs der Kathedrale hat man einen *Kryptoportikus* ausfindig gemacht. Man steigt hier auf einer Treppe etwa 2 m unter das antike Straßenniveau in die Vergangenheit hinab und findet sich in weitläufigen, tonnengewölbten Räumen wieder, die ein fast quadratisches Gelände umfassen, in dessen Mitte noch die Fundamente eines dem Jupiter geweihten Tempels erhalten sind. Die spärlich belichteten unterirdischen Gewölbe mögen die Römer als Markthallen benutzt haben. 451 wurde hier eine frühchristliche Bischofskirche gegründet, der Vorgängerbau der * *Kathedrale Santa Maria Assunta,* eines imposanten Kirchenbaus, der seine einheitliche Fassadengestaltung jedoch durch Um- und Anbauten verloren hat.

6

Seite 87

Sehenswert ist heute vor allem die klassizistisch dekorierte Giebelfassade im Westen mit ihrer schönen * *Vorhalle*, 1522 in der Formensprache der toskanischen Frührenaissance gestaltet.

ℹ APT, Piazza Chanoux 8, ☎ 0165/236627, Fax 34657.

Ⓗ **Gallia Gran Baita,** Strada Larzey, ☎ 0165/844040, Fax 848405. Luxuriöse Pracht im ersten Haus am Platze. $$$
**Hostellerie Du Cheval Blanc,** Via Cavalité 20, ☎ 0165/239140, Fax 239150. Erstklassiges Hotel mit gutem Service. $$$
**Mignon,** Viale S. Bernardo 7, ☎ 0165/40980, Fax 43227. Saubere, preisgünstige Unterkunft. $$
**Edelweiss,** Via Marconi 42, ☎ 0165/841590, Fax 841618. Einfaches Haus für schmale Brieftaschen. $

Ⓡ **Voison,** Via Voison 30, ☎ 0165/361029. Exquisite Spezialitäten des Aostatals. $$$
**Taverna da Nando,** Via de Tillier 41, ☎ 0165/44455. Regionale valdostanische Küche. Hervorragende Minestrone. $$
In der Via Tillier 2 gibt es in der **Pasticceria Boch** guten Kaffee und herrliche Walnußtorte.

Man verläßt Aosta auf der SS 26 und gelangt über *Sarre* mit einem schönen, von Weinreben umgebenen Schloß nach *St-Pierre;* links zweigt eine Straße nach *Cogne* ab, das sich als Ausgangspunkt für Ausflüge in den wildromantischen *Parco Nazionale del Gran Paradiso* anbietet. Wer Entspannung sucht, fährt weiter nach **Pré-St-Didier,** einem Urlaubsort mit einer Thermalquelle, die bereits die Römer zu schätzen wußten.

Die letzte Station der Route ist **Courmayeur,** 160 km. Gleich einem grandiosen Bühnenspektakel offenbart die Bergwelt in diesem traditionsreichen Ferien- und Wintersportort ihre ganze Schönheit vor der majestätischen Pyramide des Montblanc, der den Abschluß des Aostatals bildet.

ℹ AA, Piazzale Monte Bianco 3, ☎ 0165/842060, Fax 842072.

Ⓗ **Pavillion,** Strada Regionale 62, ☎ 0165/846120, Fax 846122. Grandhotel mit der Grandezza vergangener Zeiten. $$$
**Cristallo,** Via Roma 142, ☎ 0165/8846666, Fax 846327. Einfaches, sauberes Haus. $$

Ⓡ **Le Cadran Solaire,** Via Roma 122, ☎ und Fax 0165/844609. Exquisite Spezialitäten des Aostatals. $$

# Praktische Hinweise von A–Z

## Ärztliche Versorgung

Mitglieder einer gesetzlichen Krankenkasse haben Anspruch auf kostenlose medizinische Behandlung gegen Vorlage eines Auslandskrankenscheins (nähere Auskünfte bei den Krankenkassen). Für die Erstattung bar bezahlter Medikamente und Privatrechnungen von Ärzten benötigt man eine aufgeschlüsselte Quittung. Wer ganz sichergehen will, sollte eine Auslandsreisekrankenversicherung abschließen.

## Autofahrer

Der nationale Führerschein genügt; Nationalitätskennzeichen (D, A, CH) müssen angebracht sein. Die grüne Versicherungskarte wird empfohlen. Pannenhilfe ist für Mitglieder von Automobilklubs kostenlos. Informationen (auch auf Deutsch) ☎ 116.

## Busverkehr

Terminals für Überlandbusse *(Autostazione, Terminal Autolinee)* direkt beim oder in der Nähe vom Hauptbahnhof *(Stazione Centrale)*. Dort erhält man Fahrkarten und Auskunft über Fahrpläne. Tickets für die Busse im Stadtverkehr kann man *nicht* beim Fahrer kaufen, sondern nur in den Zeitungsläden *(tabacchi)*. Sie müssen an den Automaten im Bus entwertet werden.

## Diplomatische Vertretungen

*Bundesrepublik Deutschland:* Mailand, Via Solferino 40, ☎ 02/6554434; Turin, Via B. Buozzi 6, ☎ 011/531088; *Österreich:* Mailand, Via Tranquillo Cremona 27, ☎ 02/4812066; Turin, Via Mercantini 6, ☎ 011/543676; *Schweiz:* Mailand, Via Palestro 2, ☎ 02/76009284; Turin, Via Sagra San Michele 66, ☎ 011/715570.

## Feiertage

1. Januar und 6. Januar, Ostermontag, 25. April, 1. Mai, 15. August, 1. November, 8. Dezember, 25., 26. Dezember.

## Geld und Devisen

Die italienische Währungseinheit ist die Lira (Lit, L.). 1 DM entsprechen ca. 1000 L. Beim Bargeldwechsel auf der Bank und beim Eintausch von Eurocheques (max. 300 000 L. pro Scheck) werden Gebühren erhoben. Zahlreiche ec-Automaten erlauben problemloses Geldabheben. Die meisten Hotels, Restaurants und Geschäfte akzeptieren Kreditkarten. Devisen: Nur Beträge über 20 Millionen Lire müssen bei der Ausreise deklariert werden.

## Haustiere

Vierbeiner benötigen ein amtstierärztliches Gesundheitszeugnis (nicht älter als 30 Tage) und eine Tollwut-Impfbescheinigung (max. 11 Monate).

## Informationen

*Staatliche Italienische Fremdenverkehrsämter ENIT:*
D-10178 Berlin, Karl-Liebknecht-Str. 34, ☎ 0 30/2 47 83 97, FAX 2 47 83 99;
D-60329 Frankfurt/M., Kaiserstr. 65, ☎ 0 69/23 74 30, FAX 23 28 94;
D-80336 München, Goethestr. 20, ☎ 0 89/53 03 69, FAX 53 45 27;
A-1010 Wien, Kärntner Ring 4, ☎ 02 22/5 05 43 74, FAX 5 05 02 48.
CH-8001 Zürich, Uraniastr. 32, ☎ 01/2 11 36 33, FAX 2 11 38 85.

In Italien informiert man sich bei den örtlichen Büros der *APT* (Azienda di Promozione Turistica, Fremdenverkehrsamt).

## Jugendherbergen

ℹ Associazione Italiana Alberghi per la Gioventù (Italienischer Jugendherbergsverband), Via Cavour 44, I-00184 Roma, ☏ 06/4 87 11 52, Fax 4 88 04 92.

### Kriminalität

Weder ängstlich noch leichtsinnig sollte man durch die Straßen gehen, besondere Achtsamkeit ist allein in Mailand geboten. Allgemein gilt: nie Wertsachen im Auto liegenlassen, wenn möglich das Autoradio herausnehmen, voll gepackte Autos im Auge behalten und die Handtasche in den größeren Städten achtsam festhalten.

### Märkte

Was immer man auch sucht, ein italienischer Markt entpuppt sich sicherlich als wahre Fundgrube. Traditionelle Markttage sind Mittwoch und Sonntag.

### Notruf

Polizei: ☏ 112; Rettungsdienst: ☏ 113; Pannendienst des ACI: ☏ 116; Feuerwehr: ☏ 115.

### Öffnungszeiten

Die meisten *Geschäfte* sind Mo bis Sa von 9 bis 12.30 und von 15/16 bis 19.30 Uhr geöffnet, doch die Ladenschlußzeiten werden sehr flexibel gehandhabt. Lebensmittelgeschäfte sowie einige Einzelhändler sind mitunter Mo vormittags oder Mi nachmittags geschlossen. Für *Museen* gibt es keine einheitlichen Öffnungszeiten, die meisten haben jedoch Mo Ruhetag. *Kirchen* sind aufgrund der vielen Diebstähle auf dem Land oft verschlossen, doch bekommt man den Schlüssel meist in der Pfarrei. In den Städten kann man Kirchen vormittags bis 12 und von 16 bis 19 Uhr besichtigen.

### Postgebühren

Das Auslandsporto von Italien in EU-Länder beträgt für eine Postkarte 650 Lire, für einen Brief (bis 20 g) 750 Lire, in die Schweiz und andere Länder 850 Lire. Briefmarken *(francobolli)* gibt es auf der Post, in Bars und Läden mit dem schwarzen T-Zeichen („tabacchi“).

### Rechnungen

über Dienstleistungen (Restaurant, Autowerkstätten etc.) müssen die Mehrwertsteuer (IVA) enthalten und sind kurzzeitig aufzubewahren. Bei Kontrollen durch die italienische Steuerpolizei *(Guardia di Finanza)* kann sonst eine Geldstrafe anfallen.

### Taxi

Italiener benutzen nur selten ein Taxi. Deshalb sind die Tarife der wenigen Taxis recht hoch. Der Preis, den das Taxameter angibt, kann sich durch Gepäckzuschlag bzw. Nachttarif deutlich erhöhen.

### Telefonieren

Neben den öffentlichen Fernsprechämtern der Telecom gibt es überall Telefonhäuschen. Der Tarif für ein Ortsgespräch beträgt 200 Lire. Meist kann man sowohl mit Münzen (zu 100, 200 oder 500 Lire oder einem „gettone“ im Wert von 200 Lire) bezahlen als auch mit einer Telefonkarte *(carta telefonica)*, die man im Wert von 5000 oder 10 000 Lire bei den „tabacchi“ oder den SIP-Ämtern kauft.

Landesvorwahlen: Deutschland 00 49, Österreich 00 43, Schweiz 00 41.

### Trinkgeld

wird grundsätzlich für alle Dienstleistungen (im Café, im Hotel etc.) erwartet. In Restaurants sind ca. 10 % des Rechnungsbetrags üblich.

### Zoll

Innerhalb der EU-Länder sind Geschenke und Mitbringsel zollfrei; bei Waren für den persönlichen Gebrauch gelten folgende Richtmengen: 800 Zigaretten, 10 l Spirituosen, 90 l Wein pro Person. Für Schweizer gilt: 200 Zigaretten, 1 l Spirituosen, 2 l Wein und Reiseandenken bis zu 200 sfr.

# Register

## Orts- und Sachregister



## Personenregister

# Langenscheidt Mini-Dolmetscher

## Allgemeines

| | |
|---|---|
| Guten Tag | Buongiorno [buon**dscho**rno] |
| Hallo! | Ciao! [**tscha**o] |
| Wie geht's? | Come sta? [**ko**me sta] |
| Danke, gut. | Bene, grazie. [**bä**ne **gra**zje] |
| Ich heiße ... | Mi chiamo ... [mi kj**a**mo] |
| Auf Wiedersehen. | Arrivederci. [arriwe**der**tschi] |
| Morgen | mattina [mat**ti**na] |
| Nachmittag | pomeriggio [pome**rid**scho] |
| Abend | sera [**ß**era] |
| Nacht | notte [**not**te] |
| morgen | domani [do**ma**ni] |
| heute | oggi [**od**schi] |
| gestern | ieri [**jä**ri] |
| Sprechen Sie Deutsch? | Parla tedesco? [**par**la te**des**ko] |
| Wie bitte? | Come, prego? [**ko**me **prä**go] |
| Ich verstehe nicht. | Non capisco. [non ka**pis**ko] |
| Sagen Sie es bitte nochmals. | Lo può ripetere, per favore. [lo pu**o** ri**pä**tere per fa**wo**re] |
| ..., bitte. | ..., per favore. [per fa**wo**re] |
| danke | grazie [**gra**zje] |
| Keine Ursache. | Prego. [**prä**go] |
| was / wer / welcher | che / chi / quello [ke / ki / ku**äl**lo] |
| wo / wohin | dove [**do**we] |
| wie / wieviel | come / quanto [**ko**me / kuan**to**] |
| wann / wie lange | quando / quanto tempo [kuan**do** / kuan**to** **täm**po] |
| warum | perché [per**ke**] |
| Wie heißt das? | Come si chiama? [**ko**me ßi kj**a**ma] |
| Wo ist ...? | Dov'è ...? [do**wä**] |
| Können Sie mir helfen? | Mi può aiutare? [mi pu**o** aju**ta**re] |
| ja | sì [ßi] |
| nein | no [no] |
| Entschuldigen Sie. | Scusi. [**sku**si] |
| Das macht nichts. | Non fa niente. [non fa nj**än**te] |

## Sightseeing

| | |
|---|---|
| Gibt es hier eine Touristeninformation? | C'è un ufficio di turismo qui? [**tschä** un uf**fi**tscho di tu**ris**mo kui] |
| Haben Sie einen Stadtplan / ein Hotelverzeichnis? | Ha una pianta della città / un annuario alberghi? [a **u**na pj**an**ta **del**la tschit**ta** / un annu**ar**jo al**bär**gi] |
| Wann ist ... geöffnet? | A che ora è aperto (m.) / aperta (w.) ...? [a **ke** **o**ra ä a**pär**to / a**pär**ta] |
| geschlossen | chiuso (m.) / chiusa (w.) [kj**u**so / kj**u**sa] |
| das Museum | il museo (m.) [il mu**seo**] |
| die Kirche | la chiesa (w.) [la kj**ä**sa] |
| die Ausstellung | l'esposizione (w.) [lesposizj**o**ne] |
| Wegen Restaurierung geschlossen. | In restauro. [in res**tau**ro] |

## Shopping

| | |
|---|---|
| Wo gibt es ...? | Dove posso trovare ...? [**do**we **pos**so tro**wa**re] |
| Wieviel kostet das? | Quanto costa? [ku**an**to **kos**ta] |
| Das ist zu teuer. | È troppo caro. [ä **trop**po **ka**ro] |
| Das gefällt mir (nicht). | (Non) mi piace. [(non) mi pj**a**tsche] |
| Gibt es das in einer anderen Farbe / Größe? | Ce l'ha anche di un altro colore / un'altra taglia? [tsche la **an**gke di un **al**tro ko**lo**re / un **al**tra **ta**lja] |
| Ich nehme es. | Lo prendo. [lo **prän**do] |
| Wo ist eine Bank? | Dov'è una banca? [do**wä** una **bang**ka] |
| Ich suche einen Geldautomaten. | Dove posso trovare un bancomat? [**do**we **pos**so tro**wa**re un bangko**mat**] |
| Geben Sie mir 100 g Käse / zwei Kilo Pfirsiche | Mi dia un etto di formaggio / due chili di pesche. [mi **di**a un **ät**to di for**mad**scho / **due** **ki**li di **pä**ske] |
| Haben Sie deutsche Zeitungen? | Ha giornali tedeschi? [a dschor**na**li te**des**ki] |
| Wo kann ich telefonieren / eine Telefonkarte kaufen? | Dove posso telefonare / comprare una scheda telefonica? [**do**we **pos**so telefo**na**re / kom**pra**re una **ske**da tele**fo**nika] |

## Notfälle

| | |
|---|---|
| Ich brauche einen Arzt / Zahnarzt. | Ho bisogno di un medico / dentista. [o bi**son**jo di un **mä**diko / den**tis**ta] |

| | |
|---|---|
| Rufen Sie bitte einen Krankenwagen / die Polizei. | Chiami un'ambulanza / la polizia, per favore. [kjami un‿ambu**lan**za / la poli**zi**a per fa**wo**re] |
| Wir hatten einen Unfall. | Abbiamo avuto un incidente. [abb**ja**mo a**wu**to un intschi**dän**te] |
| Wo ist das Polizeirevier? | Dov'è la polizia? [do**wä** la poli**zi**a] |
| Ich bin bestohlen worden. | Mi hanno derubato. [mi **an**no deru**ba**to] |
| Mein Auto ist aufgebrochen worden. | Hanno forzato la mia macchina. [**an**no for**za**to la **mi**a **mak**kina] |

## Essen und Trinken

| | |
|---|---|
| Die Speisekarte, bitte. | Il menu per favore. [il me**nu** per fa**wo**re] |
| Brot | pane [**pa**ne] |
| Kaffee | caffè / espresso [kaf**fä** / es**präs**so] |
| Tee | tè [tä] |
| mit Milch / Zucker | con latte / zucchero [kon **lat**te / **zuk**kero] |
| Orangensaft | succo d'arancia [**suk**ko da**ran**tscha] |
| Mehr Kaffee, bitte. | Un altro caffè, per favore. [un **al**tro kaf**fä** per fa**wo**re] |
| Suppe | minestra [mi**näs**tra] |
| Nudeln | pasta [**pas**ta] |
| Fisch / Meeresfrüchte | pesce / frutti di mare [**pe**sche / **frut**ti di **ma**re] |
| Fleisch | carne [**kar**ne] |
| Geflügel | pollame [pol**la**me] |
| Beilage | contorno [kon**tor**no] |
| vegetarische Gerichte | piatti vegetariani [pj**at**ti wedschetar**ja**ni] |
| Ei | uovo [**uo**vo] |
| Salat | insalata [inßa**la**ta] |
| Dessert | dolci [**dol**tschi] |
| Obst | frutta [**frut**ta] |
| Eis | gelato [dsche**la**to] |
| Wein | vino [**wi**no] |
| weiß / rot / rosé | bianco / rosso / rosé [bj**ang**ko / **ros**so / ro**se**] |
| Bier | birra [**bir**ra] |
| Aperitif | aperitivo [aperi**ti**wo] |
| Wasser | acqua [**a**kua] |
| Mineralwasser | acqua minerale [**a**kua mine**ra**le] |
| mit / ohne Kohlensäure | gassata / naturale [gas**sa**ta / natu**ra**le] |
| Frühstück | prima colazione [**pri**ma kolaz**jo**ne] |
| Mittagessen | pranzo [**pran**dso] |
| Abendessen | cena [**tsche**na] |
| eine Kleinigkeit | uno spuntino [uno spun**ti**no] |
| Ich möchte bezahlen. | Il conto, per favore. [il **kon**to per fa**wo**re] |

| | |
|---|---|
| Es war sehr gut / nicht so gut. | Era molto buono. / Non era buono. [**ä**ra **mol**to bu**o**no / non **ä**ra bu**o**no] |

## Im Hotel

| | |
|---|---|
| Ich suche ein gutes / nicht zu teures Hotel. | Cerco un buon albergo / un albergo economico. [**tscher**ko un bu**on** al**bär**go / un al**bär**go eko**no**miko] |
| Ich habe ein Zimmer reserviert. | Ho riservato una camera. [o riser**wa**to una **ka**mera] |
| Ich suche ein Zimmer für ... Personen. | Cerco una camera per ... persone. [**tscher**ko una **ka**mera per ... per**ßo**ne] |
| Mit Dusche und Toilette. | Con doccia e servizi. [kon **do**tscha e ser**wi**zi] |
| Mit Balkon / Blick aufs Meer. | Con balcone / vista sul mare. [kon bal**ko**ne / **wis**ta sul **ma**re] |
| Wieviel kostet das Zimmer pro Nacht? | Quanto costa la camera per notte? [ku**an**to **kos**ta la **ka**mera per **not**te] |
| Mit Frühstück? | Con prima colazione? [kon **pri**ma kolaz**jo**ne] |
| Kann ich das Zimmer sehen? | Posso vedere la camera? [**pos**so we**de**re la **ka**mera] |
| Haben Sie ein anderes Zimmer? | Avete un'altra camera? [a**we**te un‿**al**tra **ka**mera] |
| Das Zimmer gefällt mir (nicht). | Mi piace la camera. / La camera non mi piace. [mi pj**a**tsche la **ka**mera / la **ka**mera non mi pj**a**tsche] |
| Kann ich mit Kreditkarte bezahlen? | Posso pagare con carta di credito? [**pos**so pa**ga**re con **kar**ta di **kre**dito] |
| Wo kann ich parken? | Dove posso mettere la macchina? [**do**we **pos**so **met**tere la **mak**kina] |
| Können Sie das Gepäck in mein Zimmer bringen? | Mi può portare i bagagli in camera? [mi pu**o** por**ta**re i ba**ga**lji in **ka**mera] |
| Haben Sie einen Platz für ein Zelt / einen Wohnwagen / ein Wohnmobil? | C'è ancora posto per una tenda / una roulotte / un camper? [tschä ang**ko**ra **pos**to per una **tän**da / una ru**lott** / un **kam**per] |
| Wir brauchen Strom / Wasser. | Abbiamo bisogno di corrente / acqua. [abbjamo bi**so**njo di kor**rän**te / **a**kua] |